KB074767

신주 사마천 사기 36

평진후주보열전

남월열전

동월열전

조선열전

서남이열전

이 책은 롯데장학재단의 지원을 받아 번역, 출간되었습니다.

신주 사마천 사기 36 / 평진후주보열전·남월열전·동월열전· 조선열전·서남이열전

초판 1쇄 인쇄 2023년 10월 15일
초판 1쇄 발행 2023년 11월 10일

지은이 (본문) 사마천
(삼가주석) 배인·사마정·장수절
번역 및 신주 한가람역사문화연구소 사기연구실

펴낸이 이덕일
펴낸곳 한가람역사문화연구소

등록번호 제2019-000147호
주소 서울특별시 종로구 김상옥로17 대호빌딩 신관 305호
전화 02) 711-1379
팩스 02) 704-1390
이메일 hgr4012@naver.com

ISBN 979-11-90777-49-0 94910

ⓒ 한가람역사문화연구소 사기연구실, 2023
이 책은 저작권법에 따라 보호받는 저작물이므로 무단 전제와 복제를 금합니다.
이 책 내용의 전부 또는 일부를 이용하려면 반드시 저작권자와 한가람역사문화연구소의
서면동의를 받아야 합니다.

값은 뒤표지에 있습니다.

세계 최초
**삼가주석
완역**

신주 사마천 사기

36

평진후주보열전 | 남월열전
동월열전 | 조선열전 | 서남이열전

지은이
본문_ 사마천
삼가주석_ 배인·사마정·장수절
번역 및 신주
한가람역사문화연구소 사기연구실

한가람역사문화연구소

차례

新註史記

원 사료는 중화서국中華書局 발행의 《사기》와 영인본 《백납본사기百衲本史記》를 기본으로 삼고, 인터넷 사료로는 대만 중앙연구원 역사어언연구소歷史語言研究所에서 제공하는 한적전자문헌자료고漢籍電子文獻資料庫의 《사기》를 참조했다.

일러두기

❶ 네모 상자 안의 글은 사기 본문 및 삼가주석 서문의 글이다.

❷ 한글 번역문 바로 아래 한문 원문을 실어 쉽게 대조할 수 있게 했다.

❸ 삼가주석 아래 신주를 실어 우리 연구진의 새로운 해석을 달았다.

❹ 사기 분문뿐만 아니라 삼가주석도 필요할 경우 신주를 달았다.

❺ 직역을 원칙으로 삼고 의역은 최대한 피했다.

❻ 한문 원문에서 ( )는 빠져야 할 글자를, 〔 〕는 추가해야 할 글자를 나타낸다.

예) 살펴보니 15개 읍은 이 두 읍에 가까웠다.

案 十五邑近此(三)〔二〕邑

《사기》〈열전〉의 넓고 깊은 세계에 관하여

1. 시대별 〈열전〉의 세계

《사기》는 〈본기本紀〉, 〈표表〉, 〈서書〉, 〈세가世家〉, 〈열전列傳〉의 다섯 부분으로 구성된 기전체紀傳體 역사서이다. 기전체라는 이름은 다섯 부분 중에 제왕의 사적인 〈본기〉와 신하의 사적인 〈열전〉이 중심이라는 사실을 시사하고 있다. 〈본기〉가 북극성이라면 〈세가〉와 〈열전〉은 북극성을 향하는 뭇별이라는 구성이다. 〈열전〉은 모두 70편으로 구성되어 있지만 한 편의 〈열전〉에 여러 명을 수록하는 경우가 여럿이어서 실제 수록된 인물은 300명이 넘는다. 중국의 24사는 대부분 《사기》를 따라 기전체를 택하고 있지만 《사기》만의 독창적 내용이 적지 않다.

먼저 서술 시기를 보면 《사기》는 한 왕조사가 아니라 오제五帝부터 자신이 살던 한무제漢武帝 시기까지 천하사天下史를 기술했기에 그 시기가 광범위한데, 이는 〈열전〉도 마찬가지다. 그래서 이를 시기별로 나누어 정리할 필요가 있다.

첫째 시기는 춘추春秋시대 이전부터 춘추시대까지 활동했던 여러 인물이다. 〈백이열전伯夷列傳〉부터 〈중니제자열전仲尼弟子列傳〉까지 7편이 그런 경우로서 백이伯夷·숙제叔齊, 관중管仲, 안영晏嬰, 노자老子, 손자孫子, 오자서伍子胥, 공자孔子의 제자들 등이 이에 속한다.

둘째 시기는 전국戰國시대와 진秦 조정에서 활동한 인물들에 대해서 서술했다. 〈상군열전商君列傳〉부터 〈몽염열전蒙恬列傳〉까지 21편이 이런 경우로서 상앙商鞅, 소진蘇秦, 장의張儀, 백기白起, 왕전王剪, 전국 4공자, 여불위呂不韋, 이사李斯, 몽염蒙恬 등이 이에 속한다.

셋째 시기는 초楚와 한漢이 중원의 패권을 다투던 시기에 활동했던 인물들이다. 〈장이진여열전張耳陳餘列傳〉부터 〈전담열전田儋列傳〉까지 6편으로 장이, 진여, 한신韓信, 노관盧綰 등이 이에 속한다.

넷째 시기는 한고조 유방부터 경제景帝 때까지의 인물들을 서술하고 있다. 〈번역등관열전樊酈滕灌列傳〉부터 〈오왕비열전吳王濞列傳〉으로 번쾌樊噲, 육가陸賈, 계포季布, 유비劉濞 등이 이에 속한다.

다섯째 시기는 한무제 때의 인물들이다. 〈위기무안후열전魏其武安侯列傳〉 등으로 두영竇嬰, 이광李廣, 위청衛靑, 곽거병霍去病 등과 사마천 자신에 대해서 서술한 〈태사공자서太史公自序〉도 이 범주에 들 수 있다.

사마천은 한 사람의 인생 전부를 서술하는 개념으로 〈열전〉을 서술하지는 않았다. 그가 관심을 가진 것은 특정 인물이 어떤 사상을 가지고 한 시대를 어떻게 헤쳐 나갔는가, 또는 그 시대에 어떤 영향을 미쳤는가 하는 것이지 인생 전반을 세세하게 서술하는 것은 아니었다. 그러다보니 《사기》〈열전〉을 보면 한 인간의 역경을 통해서 그가 산 시대의 생생한 분위기도 엿볼 수 있다.

2. 〈백이열전〉을 첫머리로 삼은 이유

《사기》〈열전〉이 지금껏 인구에 회자되는 것은 사마천이 당위성만 추구한 것이 아니라 당위성과 실제 현실 사이의 괴리를 포착해 한 인물의 부침을 서술했기 때문이기도 할 것이다. 그가 〈열전〉의 첫머리를 〈백이열전〉으로 삼은 것은 〈세가〉의 첫머리를 〈오태백세가吳泰伯世家〉로 삼아 막내 계력季歷에게 왕위를 물려준 사양辭讓의 정신을 크게 높인 것과 마찬가지로 이利보다는 의義를 추구한 백이·숙제를 높인 것이다.

사마천은 제후가 아닌 공자를 〈공자세가〉로 높여 서술하고 〈중니제자열전〉과 〈유림열전儒林列傳〉도 서술해 유가儒家를 높이기도 하였다. 그러나 사마천은 단순히 유학을 높인 것이 아니라 유학에서 천하는 공公의 것이기에 자기 자식이 아니라 현명한 인물에게 자리를 넘겨주는 선양禪讓의 정신을 높게 산 것이다. 그래서 오제의 황제黃帝부터 요순堯舜까지 행해졌던 선양禪讓의 정신을 크게 높였다.

그러나 〈백이열전〉에서 사마천은 "백이·숙제는 남을 원망하지 않았다."는 공자의 말을 수록하면서도 사마천 자신은 공자의 견해에 동의하지 않고 백이·숙제의 뜻을 비통한 것으로 여겼다. 또한 그가 의문을 가진 것은 "하늘의 도道는 친함이 없고 항상 선한 사람과 함께한다."라고 했는데 선한 사람인 백이·숙제 같은 사람이 왜 굶어죽어야 했느냐는 질문이다. 그럼에도 불구하고 이利를 추구하는 삶보다 의義를 추구하는 삶이 중요하다는 생각에서 〈백이열전〉을 첫머리로 삼은 것이다.

〈백이열전〉뿐만 아니라 초나라를 끝까지 부흥시키려고 했던 〈춘신군열전春申君列傳〉이나 〈자객열전刺客列傳〉 등도 이에 속한다. 〈자객열전〉의 형가荊軻가 남긴 "장사 한 번 떠나면 다시 돌아오지 않으리[壯士一去兮 不復還]"라는 시가가 대일항전기 의열단원들이 목숨을 걸고 국내에 잠입할 때 동지들과 나누던 시가라는 점은 시대와 장소를 넘어 의義의 실천에 목숨을 건 사람들이 깊은 동질감을 느꼈기 때문일 것이다.

3. 주제별 〈열전〉

〈열전〉 중에는 각 부문의 사람들을 주제별로 묶어서 서술한 〈열전〉이 적지 않다. 좋은 벼슬아치를 뜻하는 〈순리열전循吏列傳〉은 이후 많은 기전체 역사서가 따라서 서술하고 있다. 후세 벼슬아치들에게 역사의 포상이 가장 중요한 상으로 여기고 좋은 벼슬아치가 되려고 노력하라는 권고의 뜻을 담고 있다. 또한 혹독한 벼슬아치를 뜻하는 〈혹리열전酷吏列傳〉은 반대로 역사의 비판이 가장 무거운 형벌임을 깨닫고 백성들을 가혹하게 대하거나 가렴주구를 하지 말라는 권고를 담고 있다.

사마천은 비록 유학을 높였지만 유자儒者는 칭송을 받는데 유협游俠은 비난을 받는 현실에 대해서도 불만이었다. 그래서 유협들도 수백 년이 지난 후에도 제사를 받는다면서 〈유협열전〉을 서술했다. 〈유협열전〉같은 경우 《사기》, 《한서》와 그 전편이 모두 전하지 않는 《위략魏略》 정도가 이어서 유협에 대해 서술하였고 이후의 역사서에서는 외면받았던 인물들이다.

사마천은 또한 '기업가 열전'이라고 할 〈화식열전貨殖列傳〉을 서술했다는 이유로도 비판받았지만 그가 지금껏 역사가의 전범典範으로 대접받는 밑바탕에는 경제를 무시하지 않았던 역사관이 깔려 있었다. 그러나 〈화식열전〉은 이후 《사기》와 《한서》에서만 서술하고 있을 정도로 여러 사서는 벼슬아치와 학자만 높였지 사업가는 낮춰 보았던 것이 동양 유학 사회의 현실이었다.

《사기》에만 실려 있고, 다른 기전체 사서는 외면한 〈열전〉이 〈골계열전滑稽列傳〉, 〈일자열전日者列傳〉, 〈귀책열전龜策列傳〉이다. 〈골계열전〉은 보통 세속을 따르지 않고, 세상의 이익을 다투지 않는 것을 귀하게 여기는 사람들의 풍자정신에 대해 서술한 것으로 해석된다. 사마천이 보기에는 천문관측에 관한 〈일자열전〉이나 길흉을 점치는 복서卜筮에 대한 〈귀책열전〉도 나라를 다스리는데 필수적이라는 생각에서 이를 〈열전〉에 서술했다.

4. 위만조선만 서술한 〈조선열전〉

사마천이 〈열전〉에서 창안한 형식중 하나가 외국에 대한 〈열전〉이다. 사마천은 〈흉노열전匈奴列傳〉을 필두로 〈남월열전南越列傳〉, 〈동월열전東越列傳〉, 〈조선열전朝鮮列傳〉, 〈서남이열전西南夷列傳〉 등을 서술했다. 이것이 공자가 《춘추》에서 높인 존주대의尊周大義와 함께 중국의 전통적인 화이관華夷觀을 만들어 낸 것으로 볼 수 있다.

그러나 사마천은 동이족이 분명한 삼황三皇을 배제하고 오제五帝부터 서술한 데에서 알 수 있는 것처럼 화하족華夏族의 뿌리를 찾기 어렵다는 현실에 부닥칠 수밖에 없었다. 그래서 때로는 이족夷族의 역사를 무리하게 화하족 역사로 편입시키려 노력했다. 한나라를 크게 괴롭혔던 흉노를 하夏나라의 선조 하후夏后의 후예로 서술하고, 남월, 동월 등도 그 뿌리를 모두 화하족과 연결되게 서술한 것은 이 때문일 것이다.

〈조선열전〉에서는 단군과 기자의 사적은 생략하고 연나라 출신 위만衛滿에 대해서만 서술했다. 사마천은 《사기》의 여러 부분에서 기자箕子에 대해 서술했고, 그가 존경하던 공자가 《논어》에서 기자를 미자微子, 비간比干과 함께 삼인三仁으로 꼽았으므로 그의 사적을 몰랐을 리 없다. 그러니 기자가 주무왕周武王에 의해 석방된 후 '조선朝鮮'으로 갔다는 사실을 몰랐을 리 없고 기자가 간 조선이 '단군조선檀君朝鮮'이라는 사실도 몰랐을 리 없다. 그러나 사마천은 단군과 기자는 생략하고 위만조선만 서술했다. 그럼에도 그가 〈조선열전〉이라도 서술했기에 우리는 위만조선과 한나라의 관계나 위만조선의 왕족과 귀족들이 왜 망국 후 한나라의 제후로 봉함을 받았는지 알 수 있게 되었다.

이제 〈열전〉을 내놓으면서 40권에 이르는 《신주 사마천 사기》의 대단원의 막이 내려진다. 《신주 사마천 사기》는 비단 지금까지 전 세계에서 발간된 가장 방대한 《사기》 번역서 및 주석서일 뿐만 아니라 그간 《사기》에서 놓쳤던 여러 관점과 사실에 대해 알 수 있다. 예를 들면 《사기》 본문 및 그 주석에 숱하게 드러나고 있는 이족夷族의 역사를 되도록 되살렸다는 내용면에서도 새로운 시도라고 자평할 수 있다. 《신주 사마천 사기》 완간을 계기로 사마천이 그렸던 천하사가 더욱 풍부해질 뿐만 아니라 《사기》 속에 숨어 있던 우리 선조들의 이야기가 우리 후손들의 가슴 속에 자리 잡게 된다면 망외의 소득이라고 말할 수 있을 것이다.

사기 제 **112** 권 史記卷 一百一十二

평진후주보열전 平津侯主父列傳

사기 제112권 평진후주보열전 제52

史記卷一百一十二 平津侯主父列傳第五十二

신주 이 열전은 평진후平津侯 공손홍公孫弘과 주보언主父偃의 열전이다. 공손홍公孫弘(서기전 200~서기전 121)은 제齊의 치천국菑川國 설현薛縣 사람으로 자字는 계季이다. 40세가 넘어 《춘추春秋》와 제가諸家를 배웠다. 건원 원년(서기전 140), 무제武帝가 즉위하여 현량賢良과 문학文學으로 이름난 선비들을 불러들였다. 공손홍은 60세로 박사博士가 되었다가 사직하고, 원광 5년(서기전 130), 다시 박사에 추천되어 서남이西南夷의 개척 상황을 보고 무용론無用論을 설파하였다.

　공손홍은 사람됨이 비범하고 견문이 넓었다. 이 당시 서남쪽으로는 서남이 방향으로 도로를 개설하고, 동쪽으로는 창해군滄海郡을 설치(서기전 128)하고, 북쪽으로는 삭방군朔防郡에 성을 쌓는 등 국가의 많은 재정이 소요되고 있었다. 공손홍은 여러 차례 중지를 건의했다. 주매신朱買臣이 삭방군을 설치했을 경우 이점을 들어 공손홍을 반박하자 무제는 서남이와 창해군쪽 일을 중지하고 삭방군만 추진하게 하였다. 서기전 124년에 승상丞相으로 삼고 평진후平津侯에 봉하였다. 서기전 122년에 회남왕淮南王과 형산왕衡山王이 모반하자 사임하려 했으나 받아들여지지 않아 유임하다가 이듬해 승상직에서 병으로 죽었다.

주보언主父偃(?~서기전 126년)은 제齊나라 임치臨菑 사람이다. 합종合縱과 연횡連橫에 대한 유세술을 배웠으며, 만년에는 《역경易經》, 《춘추春秋》 그리고 제자백가諸子百家의 학설을 공부하였다. 무제武帝 원광 원년(서기전 134)에 위장군衛將軍(위청衛靑)을 찾아가 조정에 상소문을 올려 천자를 알현하였다. 이때 조趙나라의 서악徐樂과 제齊나라의 엄안嚴安도 각각 시정에 대한 상소문을 올렸다. 천자는 이 세 명을 모두 낭중郎中에 임명하였다. 주보언은 각 제후국의 봉지를 삭탈하지 말고 제후왕의 자제들에게 나누어 준다면 봉국을 분할하는 것과 같아서 제후국이 점차 약해질 것이라고 건의해서 시행하게 하였다. 또한 공손홍과 반대로 삭방군 설치의 이점을 주장해 삭방군을 설치하였다. 원삭 2년(서기전 127), 주보언은 제齊나라 승상이 되었다. 젊은 시절 자신을 따돌린 사람들과 절교하였으며, 제왕齊王이 자신의 맏누이와 간통한 일로 제왕을 위협하여 결국 자살하게 하였다. 조왕趙王이 주보언의 과실을 상주하고 제왕齊王이 자살하자 무제가 주보언을 문초하였는데 어사대부御史大夫 공손홍이 죽일 것을 주청하여 주보언과 그 가족은 주살되었다.

승상 공손홍

승상丞相 공손홍公孫弘은 제齊의 치천국菑川國 설현薛縣[①] 사람으로 자字는 계季이다. 젊었을 때 설薛 땅의 옥리獄吏가 되었는데 죄가 있어 면직되었다.

집안이 가난해 바닷가에서 돼지를 길렀다. 40세가 되어 비로소 《춘추》와 잡설雜說[②]을 배웠다. 계모를 봉양했는데 효성스러웠으며 공손히 모셨다.

무제 건원建元 원년, 천자(무제)는 처음 즉위해 현량賢良과 문학文學[③]의 선비를 초빙했다. 이때 공손홍의 나이 60세에 현량賢良으로 부름을 받아 박사博士가 되었다. 이에 흉노에 사신으로 갔다가 돌아와 (무제에게) 보고했으나 무제의 뜻에 부합하지 못했다. 무제가 노여워하며 무능하다고 여기자 공손홍은 병을 핑계로 면직하고 고향으로 돌아갔다.

丞相公孫弘者 齊菑川國薛縣[①] 人也 字季 少時爲薛獄吏 有罪 免 家貧 牧豕海上 年四十餘 乃學春秋雜說[②] 養後母孝謹 建元元年 天子初卽位 招賢良文學[③]之士 是時弘年六十 徵以賢良爲博士 使匈奴 還報 不合上意 上怒 以爲不能 弘迺病免歸

① 齊菑川國薛縣제치천국설현

색은 살펴보니 설현은 노국魯國에 속했던 것을 한나라에서 치천국을
설치했으며 뒤에 분할해서 제齊나라로 편입했다.

案 薛縣屬魯國 漢置菑川國 後割入齊也

정의 〈한흥이래제후왕연표〉에는 치천국은 문제文帝가 제齊나라를 나
누어 설치했고 극劇에 도읍했다고 했다. 《괄지지》에는 "옛 극성劇城은 청
주青州 수광현壽光縣 남쪽 31리에 있다. 옛 설성薛城은 서주徐州 등현滕縣
의 경계에 있다. 〈지리지〉에는 설현은 노국에 속한다고 했다."라고 했다.
살펴보니 설薛과 극劇은 연주兗州와 태산 사이이고 자세하지 않다. 공손
홍의 묘는 또 청주 북쪽의 노현魯縣 서쪽 20리에 있다.

表云菑川國 文帝分齊置 都劇 括地志云 故劇城在青州壽光縣南三十一里 故薛
城在徐州滕縣界 地理志云薛縣屬魯國 按 薛與劇隔兗州及太山 未詳 公孫弘墓
又在青州北魯縣西二十里也

② 雜說잡설

신주 공자가 지은 《춘추》에 주석을 붙인 《춘추좌전》 등의 '전류傳類'
를 일컫는다.

③ 賢良文學현량문학

신주 전한의 효문제 16년(서기전 165)에 시작된 과거 제도이다. 책문을 통
해 직언과 극간極諫을 잘하는 사람을 뽑았다. 현량방정賢良方正이라고도
한다.

무제 원광元光 5년, 조서를 내려 문학文學을 초빙하게 했는데 치천 국에서 다시 공손홍을 추천해 올렸다. 이에 공손홍이 치천국의 사람에게 사양하며 말했다.

"신臣이 이미 일찍이 서쪽 경사에서 명에 응했지만 무능했기 때문에 그만두고 고향으로 돌아왔습니다. 원컨대 다시 (다른 사람을) 추천해 주십시오."

그러나 치천국 사람들이 오로지 공손홍을 추천해 공손홍은 태상太常에게 이르렀다. 태상은 불러들인 유사儒士들에게 명령하여 각자 대책문對策文①을 작성하게 했는데, 100여 명 가운데 공손홍은 서열이 최하위에 있었다.

대책문이 무제에게 상주되자 무제는 공손홍의 대책을 발탁해 제일로 삼고, 불러서 알현하게 했는데, (공손홍이) 묘사하여 표현한 것이② 매우 아름다워 벼슬을 제수해 박사로 삼았다.

이 당시 서남이西南夷로 길을 내고 군군郡을 설치했는데, 파巴와 촉蜀의 백성들이 (부역으로) 고통스러워하자 조서를 내려 공손홍에게 그곳을 시찰하도록 했다. 공손홍이 시찰하고 돌아와 일을 아뢰면서 서남이는 쓸모없는 땅이라고 강하게 폄훼했으나 무제는 듣지 않았다.

元光五年 有詔徵文學 菑川國復推上公孫弘 弘讓謝國人曰 臣已嘗西應命 以不能罷歸 願更推選 國人固推弘 弘至太常 太常令所徵儒士各對策①百餘人 弘第居下 策奏 天子擢弘對爲第一 召入見 狀貌②甚麗 拜爲博士 是時通西南夷道 置郡 巴蜀民苦之 詔使弘視之 還奏事 盛毀西南夷無所用 上不聽

① 對策대책

신주 임금이 나라를 다스리는 데 문학이나 현량들에게 그 책략을 적어 올리게 하는 글을 말한다.

② 狀貌상모

신주 문맥상 외모 또는 용모를 뜻한 것이 아니라 문장을 서술하거나 그림으로 그려서 표현하고 있다는 의미이다.

공손홍은 사람됨이 대범하며 견문이 넓었다. 그는 언제나 일컫기를 군주 된 자는 광대하지 못한 것을 병으로 여기고 신하 된 자는 근검절약①하지 못하는 것을 병으로 여겨야 한다고 했다.
공손홍은 베로 만든 이불을 지어 덮고 식사할 때 둘 이상의 고기 반찬을 놓지 않았다. 계모가 죽었을 때도 3년의 상복을 입었다. 매양 조정에서 열리는 회의에서는 그 사건의 실마리를 개진하여 군주로 하여금 스스로 선택하게 했으며, (대신들과는) 얼굴을 맞대고 잘못을 지적하거나 다투는 것을 즐기지 않았다. 이에 천자는 그의 행동이 돈후하고 변론에 여유가 있으며 법률과 관리의 사무에 능하다고 생각했다. 또 유학의 술術로써 옷깃에 가선을 두르는 것처럼 보기 좋게 치장했다.② 그래서 무제는 크게 기뻐했다.
弘爲人恢奇多聞 常稱以爲人主病不廣大 人臣病不儉節① 弘爲布被 食不重肉 後母死 服喪三年 每朝會議 開陳其端 令人主自擇 不肯面折庭爭 於是天子察其行敦厚 辯論有餘 習文法吏事 而又緣飾以儒術② 上大說之

① 儉節검절

신주 근검절약이다. 뒤의 문장 '위포피 식부중육爲布被 食不重肉'이라고 한 것은 공손홍이 신하로서 이를 실천하고 있음을 말해준다.

② 緣飾以儒術연식이유술

색은 유학의 술術로 문법文法을 꾸미는데, 마치 의복에 옷깃의 가선이 있는 것같이 꾸미는 것을 이른 것이다.

謂以儒術飾文法 如衣服之有領緣以爲飾也

공손홍은 2년① 되는 해에 좌내사左內史에 이르렀다. 공손홍은 상주한 일이 윤허되지 않더라도 조정에서 그것을 변론하지 않았다. 일찍이 주작도위 급암汲黯②과 함께 주상의 한가한 틈을 타 급암이 먼저 이야기를 꺼내면 공손홍은 그 뒤에서 추인推認③해 주었는데, 천자가 항상 기뻐하고 말하는 바를 모두 들어주었다. 이 때문에 날로 더욱 가까워져 귀해졌다.

일찍이 공경들과 의논할 것을 약속했어도 무제 앞에서는 모두 그들과의 약속을 어기고 주상의 뜻에 따랐다.

二歲①中 至左內史 弘奏事 有不可 不庭辯之 嘗與主爵都尉汲黯②請閒 汲黯先發之 弘推③其後 天子常說 所言皆聽 以此日益親貴 嘗與公卿約 議 至上前 皆倍其約以順上旨

---

① 二歲이세

집해 서광이 말했다. "일설에는 일세一歲라고 일렀다."
徐廣曰 一云一歲

② 汲黯급암

신주 한무제 때, 구경九卿 중의 한 사람으로 제후들의 봉작을 관장하는 녹봉 2,000섬의 주작도위에 있었다. 황로지도黃老之道의 무위지치無爲之治를 주장했다. 당시 장탕과 공손홍 등을 법률 만능주의자, 교언영색巧言令色하는 무리로 힐난했는데, 〈급정열전〉에 상세하게 나온다.

③ 推추

신주 급암이 한 말을 따르면서 이 말을 거들어 준다는 의미이다. 추推는 '추逌'와 같다.

이에 급암이 조정에서 공손홍을 힐난했다.

"제나라 사람은 거짓됨이 많고 진실한 정이 없다고 합니다. 처음에는 우리와 함께 이를 건의하자고 했으면서도 지금 모두 그 약속을 어겼습니다. 불충不忠한 짓입니다."

무제는 그 상황을 공손홍에게 물었다. 공손홍이 변명했다.

"대저 신을 아는 자는 신이 충성스럽다고 여기고 신을 알지 못하는 자는 신이 불충하다고 여깁니다."

무제는 공손홍의 말과 같다고 여겼다. 총애받는 좌우의 신하들이 매양 공손홍을 헐뜯어도 무제는 더욱더 두텁게 대우했다.

汲黯庭詰弘曰 齊人多詐而無情實 始與臣等建此議 今皆倍之 不忠 上
問弘 弘謝曰 夫知臣者以臣爲忠 不知臣者以臣爲不忠 上然弘言 左右
幸臣每毀弘 上益厚遇之

원삭 3년, 장구張歐가 파면되자 공손홍을 어사대부로 삼았다. 이
때 서남이로 길을 내고 동쪽으로 창해군滄海郡[1]을 설치했으며
북쪽으로 삭방군을 축조했다.

공손홍은 (이 일에 대해) 여러 차례 간했는데, 중국을 피폐하게 하고
쓸모없는 땅을 가지는 것이라며 중지할 것을 청원한 것이다. 이에
천자는 주매신朱買臣 등에게 삭방군을 둠으로써 편리한 점을 들
어 공손홍의 주장을 반박하게 하고, 열 가지 대책을 말하게 했는
데 공손홍은 한 가지도 대응할 수 없었다.[2]

이에 공손홍이 변명해서 말했다.

"산동의 촌사람으로 그 편리한 것이 이와 같은 것을 알지 못했습
니다. 원컨대 서남이나 창해군의 일을 그만두시고 오로지 삭방의
일에만 힘쓰십시오."

무제가 이에 허락했다.

元朔三年 張歐免 以弘爲御史大夫 是時通西南夷 東置滄海[1] 北築朔方
之郡 弘數諫 以爲罷敝中國以奉無用之地 願罷之 於是天子乃使朱買
臣等難弘置朔方之便 發十策 弘不得一[2] 弘迺謝曰 山東鄙人 不知其便
若是 願罷西南夷滄海而專奉朔方 上乃許之

① 東置滄海동치창해

신주 창해군은 무제 원삭 원년(서기전 128) 요동군에 설치했다. 창해군에 대해 대일항전기 때부터 일본인 학자들과 그를 추종하는 한국 학계는 함경남도 영흥, 압록강 통구 지방으로 보는데 이는 당시 위만조선이 하북성 동쪽을 장악한 현실을 전혀 도외시한 것으로 불가능한 일이다. 그나마 중국 학계는 최근 요동반도의 대련시 보란점구普蘭店區에 있었던 것으로 보아서 일본과 한국 학계보다는 낫지만 이 역시 지금의 요동을 고대의 요동으로 보는데서 나온 것으로 억측에 불과하다. 《후한서》〈동이열전 예濊〉 조에는 창해군에 대해서 이렇게 말하고 있다.

"원삭元朔 원년(서기전 128), 예군濊君 남려南閭 등이 (조선왕) 우거右渠를 배반하고 28만구萬口를 이끌고 요동遼東에 귀속하자 무제武帝는 그 지역에 창해군蒼海郡을 만들었으나 수년 후에 곧 폐지하였다. 원봉元封 3년(서기전 108)에 이르러 (위만)조선을 멸망시키고 그 땅을 나누어 낙랑樂浪, 임둔臨屯, 현도玄菟, 진번眞番의 사군四郡을 두었다. 소제昭帝 시원始元 5년(서기전 82)에는 임둔과 진번을 폐지하여 낙랑과 현도에 합병하였다."

이는 위만조선에 속해 있던 예濊의 남려가 한나라 요동에 귀순하자 한에서 창려군을 설치했다는 것이니 창해군은 위만조선보다 서쪽에 있어야 할 것이다. 위만조선이 현재의 하북성 일대에 있었으니 창해군은 그보다 서남쪽 발해가에 있어야 한다. 그래서 '해海' 자가 붙은 것이다.

② 弘不得一홍부득일

집해 위소가 말했다. "공손홍의 재주로써 능히 하나를 얻지 못한 것이 아니다. 불가하다고 여기고 감히 주상을 거역하지 않았을 뿐이다."
韋昭曰 以弘之才 非不能得一也 以爲不可 不敢逆上耳

색은 살펴보니 위소는 "공손홍의 재주로써 능히 하나라도 얻지 못한 것이 아니라 불가하다고 여겨서 감히 주상을 거역하지 않으려고 했을 뿐이다."라고 했다.

按 韋昭以弘之才非不能得一 以爲不可 不敢逆上故耳

정의 안사고가 말했다. "그 이해利害의 열 가지를 말하라고 했는데 공손홍은 응답하지 않았다."

顏師古曰 言其利害十條 弘無以應

급암이 말했다.

"공손홍은 삼공三公의 지위에 있으면서 녹봉을 가장 많이 받는데, 베로 만든 이불을 사용하고 있으니 이것은 위선입니다."

무제는 공손홍에게 물었다. 공손홍이 변명했다.

"그렇습니다. 대저 구경九卿 중 신과 잘 지내는 자는 급암보다 나은 자가 없습니다. 그러나 오늘의 조정에서 이 공손홍을 힐난하는 것은 진실로 이 공손홍의 병폐가 맞습니다. 대저 삼공으로 있으면서 베 이불을 사용한다는 것은 진실로 거짓을 꾸며 이름을 낚기 위해서 였습니다. 또 신이 듣기로는 관중管仲은 제나라 재상이 되어 삼귀대三歸臺①를 두었고, 임금에 비할 만큼 사치스러웠습니다. 환공桓公은 패자霸者가 되었지만, 또한 위로 왕에게는 참람한 행동이었습니다. 안영晏嬰은 제나라 경공景公의 재상이 되어 식사할 때 두 가지 고기를 반찬으로 하지 않았고, 첩에게는 비단옷을 입히지 않았으나 제나라를 또한 잘 다스렸습니다.

이는 아래 백성의 생활과 비길 만하였습니다.[2] 지금 신臣 공손홍의 지위는 어사대부가 되어 베 이불을 지어 덮어서 구경九卿으로부터 아래로 말단 관리에 이르기까지 차별을 없앴으니, 진실로 급암의 말과 같습니다. 또 급암의 충성된 말이 없었다면 폐하께서 어찌 이러한 말을 들으실 수 있겠습니까."

천자는 겸양의 덕을 갖추었다고 여기고 더욱 그를 후대하였다. 마침내 공손홍이 승상이 되고 평진후平津侯[3]에 봉해졌다.

汲黯曰 弘位在三公 奉祿甚多 然爲布被 此詐也 上問弘 弘謝曰 有之 夫九卿與臣善者無過黯 然今日庭詰弘 誠中弘之病 夫以三公爲布被 誠飾詐欲以釣名 且臣聞管仲相齊 有三歸[1] 侈擬於君 桓公以霸 亦上僭於君 晏嬰相景公 食不重肉 妾不衣絲 齊國亦治 此下比於民[2] 今臣弘位爲御史大夫 而爲布被 自九卿以下至於小吏 無差 誠如汲黯言 且無汲黯忠 陛下安得聞此言 天子以爲謙讓 愈益厚之 卒以弘爲丞相 封平津侯[3]

① 三歸삼귀

신주 누대 이름이다. 관중이 축조한 누대로 시문이 사치스러울 정도로 화려했다. 《논어》〈팔일〉에는 "혹자가 '관중은 검소했습니까?'라고 묻자 '관씨管氏는 삼귀대三歸臺를 두었으며 가신家臣의 일을 겸직시키지 않았으니, 어찌 검소하다고 할 수 있겠는가.[或曰 管仲儉乎 曰 管氏有三歸 官事不攝 焉得儉]"라고 하여 화려한 누대를 가지고 있었음을 말하고 있다. 혹자는 유삼귀有三歸를 "세 부인을 두었다."라고 풀이한다.

② 此下比於民차하비어민

색은 比의 발음은 '비鼻'이다. 비比는 근近이다. 소안은 比의 발음을 '비방比方'의 '비比'라고 했다.

比音鼻 比者 近也 小顔 音比方之比

③ 平津侯평진후

집해 서광이 말했다. "〈대신표〉에는 '원삭元朔 5년 11월 을축乙丑일에 공손홍이 승상이 되었다.'고 하고, 〈공신표〉에는 '원삭 5년 11월 을축일에 평진후에 봉했다.'고 하였다. 《한서》를 살펴보니 고성高成의 평진향平津鄕이다.

徐廣曰 大臣表曰元朔五年十一月乙丑 公孫弘爲丞相 功臣表曰元朔(三)〔五〕年十一月乙丑 封平津侯 駰案漢書 高成之平津鄕也

색은 살펴보니 《한서》에는 "한나라가 일어나 모두 열후列侯를 승상으로 삼았으나, 공손홍은 본래 작위가 없어 이에 조서로 공손홍을 고성高成의 평진향 650호를 봉해 평진후로 삼았다. 승상이 후작에 봉해진 것은 공손홍으로부터 시작되었다."라고 했다.

案 漢書曰 漢興 皆以列侯爲丞相 弘本無爵 乃詔封弘高成之平津鄕六百五十戶 爲平津侯 丞相封侯 自弘始也

공손홍은 사람됨이 남을 의심하여 꺼렸으며 겉으로는 너그러웠으나 속마음은 깊숙이 숨겼다.[1] 일찍이 공손홍과 틈이 있는 자들은 비록 사이좋게 지내는 척하면서 남모르게 재앙으로 보복했다.

주보언主父偃을 죽이고 동중서董仲舒를 교서膠西로 좌천시킨 것들도

모두 공손홍의 힘이었다. 식사 때는 한 가지의 고기에 현미밥을 먹었다.[2] 옛 친구들이나 사이가 좋은 빈객들은 의복이나 음식을 공손홍에게 의지했다. 공손홍은 녹봉을 받으면 모두 빈객들에게 나누어 주어 집안에는 남은 재산이 없었다. 사士들이 이 때문에 그를 현명하다고 했다.

弘爲人意忌 外寬內深[1] 諸嘗與弘有郤者 雖詳與善 陰報其禍 殺主父偃 徙董仲舒於膠西 皆弘之力也 食一肉脫粟之飯[2] 故人所善賓客 仰衣食 弘奉祿皆以給之 家無所餘 士亦以此賢之

① 外寬內深외관내심

색은 공손홍은 겉으로는 관대하게 하고 속으로는 심각해서 의심이 많고 미워하여 해치는 것이 있다.

謂弘外寬內深 意多有忌害也

② 一肉脫粟之飯일육탈속지반

색은 살펴보니 일육一肉은 맛있는 것을 겸하지 않는다는 말이다. 탈속脫粟은 겨우 곡식의 껍질을 벗겼을 뿐 곱게 찧지 않은 것을 말한다.

案 一肉 言不兼味 脫粟 纔脫穀而已 言不精鑿也

회남왕淮南王과 형산왕衡山王[1]이 모반하자 그 반란의 무리를 치죄하는데 바야흐로 급박하게 했다. 이때 공손홍은 병이 매우 심했다. 그는 스스로 '공로도 없는데 봉해져 지위가 승상까지 이르렀다. 마땅히 현명한 군주를 보좌하고 국가를 진무塡撫해 사람으로 하여금 신하의 도리로 말미암게 해야 했다. 그러나 지금 제후들이 반역의 계획이 있었으니, 이것은 모두 재상으로 봉직하면서 (그 직에) 걸맞지 못했기 때문이다. 병으로 죽어서[2] 책임을 다하지 못할까 두렵다.'라고 생각했다.

淮南衡山[1]謀反 治黨與方急 弘病甚 自以爲無功而封 位至丞相 宜佐明主塡撫國家 使人由臣子之道 今諸侯有畔逆之計 此皆宰相奉職不稱 恐竊病死[2] 無以塞責

① 淮南衡山회남형산

신주 회남왕 유안劉安(서기전 179~서기전 122)과 형산왕 유사劉賜(서기전 174~서기전 122)를 가리킨다. 이들은 한고조의 막내아들 회남여왕 유장의 아들들이다.

유안은 《회남자淮南子》를 지은 학자로 무제武帝 원수元狩 원년(서기전 122), 중앙집권정책을 유학적 근거에 의해 추진할 때 회남왕의 궁정에 기거했던 빈객과 학자 중 문학을 애호하는 자들이 한나라 조정의 정책에 불만을 가진 자가 많았다. 이에 유안도 모반의 음모에 연루되어 혐의를 받자 자살하고 말았다. 《회남자》〈시측훈時則訓〉에 "오위: 동방의 끝, 갈석산에서 (고)조선을 지나 대인국을 통과면 동쪽으로 해가 뜨는 부목의 땅에 이른다. 푸른 땅 수목의 벌판이다. 태호 구망이 다스리는데, 12,000

리 이다.[五位 東方之極 自碣石山 過朝鮮 貫大人之國 東至日出之次 榑木之地 青土樹木之野 太皡句芒之所司者 萬二千里]"라는 구절이 있다. 이 구절 역시 갈석산 동쪽에 위만조선이 있었음을 말해주는데 유안이 고조선과 한 사이의 조한전쟁 직전까지 살아 있던 인물이라는 점에서 그가 말한 고조선의 위치는 신빙성이 있다.

유사는 경제景帝 3년(서기전 154), 오초칠국의 난에 가담하지 않음으로써 여강왕에서 형산왕이 되었다. 무제 원수 원년, 유사의 총희寵姬 서래徐來가 모함해 태자 유상劉爽을 폐위시키고 동생 유효劉孝를 태자로 세우려고 하자 유상이 아버지와 동생이 역모逆謀를 꾀했다고 고변함으로써 조정에서 형산왕을 심문하려 하자 유사 또한 자살하였다. 〈회남형산열전〉에 자세히 나온다.

② 恐竊病死공절병사

색은 살펴보니 신하는 군주에게 신복臣服하니 죽고 사는 것이 군주에게 말미암는다. 지금 만약 하루아침에 병으로 죽게 되면 이것이 절사竊死이다.

案 人臣委質於君 死生由君 今若一朝病死 是竊死也

이에 글을 올려 말했다.

"신은 들었습니다. 천하의 통용되는 도道는 다섯 가지이고, 행할 수 있는 것은 세 가지라고 했습니다.[1] 그것은 군주와 신하, 아버지와 아들, 형과 아우, 지아비와 지어미, 어른과 어린아이의 질서,

이 다섯 가지이며 천하의 통용되는 도道입니다. 지智와 인仁과 용勇, 이 세 가지는 천하의 통용되는 덕德입니다. 그러므로 이르기를 '힘써 행하는 것은 인仁에 가깝고, 묻기를 좋아하는 것은 지智에 가깝고, 부끄러운 것을 아는 것은 용勇에 가까운 것이다.'라고 했습니다. 이상의 세 가지를 아는 자가 자기를 다스리는 바를 압니다. 자기를 다스리는 바를 안 연후에는 남을 다스리는 바를 압니다. 천하에 자신을 다스리는 것에 능하지 못하고 남을 다스리는 데 능한 자는 있지 않았습니다. 이것은 100세 동안 바뀌지 않은 도입니다.

乃上書曰 臣聞天下之通道五 所以行之者三① 曰君臣 父子 兄弟 夫婦 長幼之序 此五者天下之通道也 智 仁 勇 此三者天下之通德 所以行之者也 故曰力行近乎仁 好問近乎智 知恥近乎勇 知此三者 則知所以自治 知所以自治 然後知所以治人 天下未有不能自治而能治人者也 此百世不易之道也

① 天下之通道五 所以行之者三천하지통도오 소이행지자삼

색은 살펴보니 이 말은 《자사자》에서 나온 말이며 지금의 《예기》 〈중용〉에 보인다.

案 此語出子思子 今見禮記中庸篇

신주 《중용장구》 〈제20장〉에 나와 있다.

지금 폐하께서는 몸소 대효大孝를 행하시고 하夏, 은殷, 주周의 삼왕三王을 거울삼으시고 주周나라 도를 세워서 문왕과 무왕의 덕을 겸하고 어진 이를 격려하셔서① 녹봉을 주고 능력 있는 이를 헤아려 관직을 내리셨습니다. 지금 신 공손홍은 노둔한 자질②로 말이 땀을 흘리게 한 공로③가 없는데 폐하께서 지나치게 신 공손홍을 졸오卒伍 속에서 발탁하시어 봉해 제후의 반열로 삼아 삼공의 지위에 이르도록 했습니다. 신 공손홍은 행동이나 능력이 그 직에 걸맞지 못했으며, 평소 땔나무를 하다 지쳐 병이 들어④ 개나 말보다 먼저 구렁에 빠져 죽어서 끝까지 덕을 갚고 책임을 다할 수 없을까 봐 두렵습니다. 원컨대 후작의 인수를 반납하고 사직서를 내어⑤ 어진 이를 위해 길을 피할까 합니다."

今陛下躬行大孝 鑒三王 建周道 兼文武 厲①賢予祿 量能授官 今臣弘 罷駑②之質 無汗馬之勞③ 陛下過意擢臣弘卒伍之中 封爲列侯 致位三公 臣弘行能不足以稱 素有負薪之病④ 恐先狗馬塡溝壑 終無以報德塞責 願歸侯印 乞骸骨⑤ 避賢者路

① 厲려

집해 서광이 말했다. "려厲는 다른 판본에는 '광廣'으로 되어 있다."

徐廣曰 厲 一作廣也

② 罷駑之質파로지질

신주 지치고 둔한 말이라는 뜻으로 재능이 적은 사람을 비유한다. 파罷는 피疲와 통한다.

③ 汗馬之勞한마지로

신주 말이 달려 땀투성이가 되는 노고勞苦라는 뜻으로, 혁혁한 전공戰功을 이르는 말이다.

④ 負薪之病부신지병

신주 가난할 때 얻은 병을 이르는 말로 스스로 병이 있어 직책을 계속할 수 없는 것을 겸손하게 이른다.

⑤ 乞骸骨걸해골

신주 자신의 해골을 돌려줄 것을 구걸한다는 뜻으로 고향으로 돌아가서 뼈를 묻을 수 있게 해 달라고 청원하는 말이다. 즉 신하가 연로함을 이유로 임금에게 퇴직을 요청할 때 사용된다. 걸해乞骸 또는 사해골賜骸骨이라고도 한다.

천자 무제가 이에 대답했다.

"옛날에는 공로가 있는 자에게는 상을 내리고 덕이 있는 자에게는 표창한다고 했다. 이미 이룩한 가업을 지킬 때는 문文을 숭상하고 어려운 때를 만났을 때는 무武를 숭상했으니① 이러한 것을 바꾼 자가 있지 않았소. 짐이 예전에 보위를 얻어 계승하고 능히 (나라를) 편안하게 하지 못할까 두려워해 대신들과 함께 다스릴 것만을 생각했음을 그대도 마땅히 알 것이오. 대개 군자는 선을 좋아하고 악을 미워하는 법임을 군君께서는 마땅히 알 것이오. 군君이

삼가 행동한 것이 이와 같다는 것을 항상 짐은 공경하고 있었소. 군君은 불행히도 찬 기운이 범해 병이 들었으니 어찌 병이 낫지 않겠소.[②] 그런데 글을 올려서 후작을 반납하고 사직서를 올리는 것은 이는 짐의 부덕을 나타내는 것이오. 지금의 일은 조금 한가하니 군君은 생각을 덜고 정신을 한결같이 해 의약으로 치료하기 바라오."

이로 인해 공손홍에게 휴가를 주고 쇠고기와 술과 여러 가지의 비단을 하사했다.

수개월이 지나서 병이 낫자 일을 보았다.

무제 원수元狩 2년, 공손홍이 병이 들어 마침내 승상으로 재직하다 죽었다.[③]

아들 도度가 계승해 평진후平津侯가 되었다. 도度는 산양태수山陽太守가 된 지 10여 년 만에 법에 걸려 후작을 잃었다.[④]

天子報曰 古者賞有功 襃有德 守成尙文 遭遇右武[①] 未有易此者也 朕宿昔庶幾獲承尊位 懼不能寧 惟所與共爲治者 君宜知之 蓋君子善善惡惡 (君宜知之) 君若謹行 常在朕躬 君不幸罹霜露之病 何恙不已[②] 迺上書歸侯 乞骸骨 是章朕之不德也 今事少閒 君其省思慮 一精神 輔以醫藥 因賜告牛酒雜帛 居數月 病有瘳 視事 元狩二年 弘病 竟以丞相終[③] 子度嗣爲平津侯 度爲山陽太守十餘歲 坐法失侯[④]

① 右武우무

색은 안사고가 말했다. "우右는 또한 상上이다. 어지러운 때를 만나면 무武를 높이는 것을 말한다."

小顔云 右亦上也 言遭遇亂時則上武也

② 何恙不已하양불이

[집해] 《한서음의》에서 말한다. "하양何恙은 작은 질병이 때에 낫지 않는 것을 비유한 것이다."

漢書音義曰 何恙 喻小疾不以時愈

[색은] 양恙은 우憂이다. 서리나 이슬이나 추위나 서늘함이 질병을 만나는 것은 가벼운 것으로 어찌 병이 낫지 않는 것을 근심하는가를 말한 것이다. 《예》에는 "병이 나아 처음으로 회복되었다."라고 했다.

恙 憂也 言罹霜露寒涼之疾 輕 何憂於病不止 禮曰疾止復初也

③ 丞相終승상종

[집해] 《한서》에서 말한다. "나이가 80세이다."

漢書曰 年八十

[색은] 《한서》에는 무릇 어사御史가 되고 승상이 된 지 6년, 나이 80세에 죽었다고 했다.

漢書云 凡爲御史丞相六歲 年八十終

④ 坐法失侯좌법실후

[색은] 《한서》에는 거야현령鉅野縣令 사성史成이 공거를 이르게 해야 하나 파견하지 않은 것에 연좌되어 논죄해서 낮에는 적을 방어하고 밤에는 성을 쌓는 형벌을 받았다. 원시元始 중에 조서를 내려 공손홍을 복원시킨 후에 관내후로 삼았다.

漢書云 坐不遣鉅野令史成詣公車 論爲城旦 元始中詔復弘後爲關內侯也

삭번책을 주도한 주보언

주보언主父偃은 제나라 임치臨菑 사람이다. 장단종횡술長短縱橫術①을 공부하고 느지막이 《주역》과 《춘추》와 제자백가의 학문을 배웠다.

제나라 여러 학자와 교유하고자 했으나 누구 하나 두터이 대우해주는 자가 없었다. 또 제나라 여러 유생儒生이 서로 더불어 배척해 제나라에서 받아들여지지 않았다.

집안이 가난해 돈을 빌리고자 해도 빌릴 곳이 없었다. 이에 북쪽의 연燕나라, 조趙나라, 중산中山을 유람했지만 모두 두텁게 대우해주는 곳이 없어 나그네가 되어 매우 곤궁했다.

主父偃者 齊臨菑人也 學長短縱橫之術① 晚乃學 易春秋百家言 游齊諸生閒 莫能厚遇也 齊諸儒生相與排擯 不容於齊 家貧 假貸無所得 迺北游燕趙中山 皆莫能厚遇 爲客甚困

① 長短縱橫之術장단종횡지술

신주 종횡술을 이르는 것으로 일명 장단술이라고도 한다. 춘추전국시대 제자백가의 사상 중 하나이다. 이 사상은 귀곡자鬼谷子로부터 시작되었는데, 이들은 여러 나라를 유람하며 지배자 계층간에 권력 투쟁을 야기하고, 독특한 변설로 사람들을 결집해 그 힘으로 권력을 쟁취하고자 했다. 소진蘇秦의 합종책合從策, 장의의 연횡설連橫說 등도 이 범주에 속한다.

효무제 원광元光 원년 중, 제후들은 족히 교류하여 섬길 만한 자가 없다고 여기고 이에 서쪽의 함곡관으로 들어가 위청 장군을 만나 보았다. 위청 장군이 여러 차례 무제에게 말했으나 무제는 불러 보지 않았다.

노자는 떨어지고 오래도록 머물렀지만 여러 공公의 빈객들이 모두 싫어했다. 이에 대궐 아래에서 글을 천자에게 올렸다.

아침에 글을 올렸는데 저녁때 불러서 들어가 천자를 만나 보았다. 그가 올린 글은 아홉 가지의 일이었는데, 그 여덟 가지는 법률적인 일이고 한 가지는 흉노 정벌에 관한 일이었다.

그의 글은 다음과 같았다.

"신이 듣건대 현명한 군주는 간절하게 간하는 것을 싫어하지 않고 널리 살피며, 충성하는 신하는 감히 무거운 처벌을 피하지 않고 곧게 간한다고 했습니다. 이런 까닭으로 국사에 버려지는 계책이 없어 공로가 만세까지 전한다고 했습니다. 지금 신은 감히 충심을 숨기고 죽음을 피하지 않고 계책을 바치니 원컨대 폐하께서 용서하고 조금이라도 살펴 주시면 다행이겠습니다.

사마법司馬法에 이르기를 '국가가 비록 거대하더라도 싸우기를 좋아하면 반드시 멸망하고, 천하가 비록 평화롭더라도 전쟁을 잊으면 반드시 위태하다.' 했습니다. 천하가 이미 평정되면 천자께서는 대개大凱를 연주하고,[1] 봄에는 수蒐, 가을에는 선獮을 하며,[2] 제후가 봄에 군대를 정돈하고 가을에 군대를 훈련시키는 것[3]은 전쟁을 잊지 않으려는 까닭입니다. 그러나 성내는 것은 덕행을 거역하는 것이고 병기는 흉한 기구이며 싸우는 것은 중요하지 않은 작은 일[4]이라고 했습니다.

옛날 군주가 한번 성내면 반드시 시체들이 널릴 정도로 피를 흘렸습니다. 그러므로 성왕은 신중하게 행동했습니다.

孝武元光元年中 以爲諸侯莫足游者 乃西入關見衛將軍 衛將軍數言上 上不召 資用乏 留久 諸公賓客多厭之 乃上書闕下 朝奏 暮召入見 所言九事 其八事爲律令 一事諫伐匈奴 其辭曰 臣聞明主不惡切諫以博觀 忠臣不敢避重誅以直諫 是故事無遺策而功流萬世 今臣不敢隱忠避死 以效愚計 願陛下幸赦而少察之 司馬法曰 國雖大 好戰必亡 天下雖平 忘戰必危 天下旣平 天子大凱[1] 春蒐秋獮[2] 諸侯春振旅 秋治兵[3] 所以不忘戰也 且夫怒者逆德也 兵者凶器也 爭者末節[4]也 古之人君一怒必伏尸流血 故聖王重行之

① 大凱대개

집해 응소가 말했다. "대개大凱는 주나라 예禮로 군대가 돌아오면 군대를 정돈시키는 음악이다."

應劭曰 大凱 周禮還師振旅之樂

② 春蒐秋獮춘수추선

신주 수선蒐獮은 춘추시대 제후국들이 전렵田獵의 활동을 빌려 군대를 조직하거나 장수를 임명하고 병졸兵卒을 훈련시켜서 전쟁을 준비하는 한편, 정책을 수립하고 통치를 강화하는 중요한 수단이었다. 따라서 한 나라의 국사國事와 군사軍事 활동을 펴는데, 중요하고 큰 행사였다.

③ 春振旅 秋治兵춘진려추치병

집해 송균이 말했다. "봄과 가을은 양기가 적고 음기도 적어 기氣가 약弱하고 온전하지 못해서 사람이 튼튼해질 때를 기다린 뒤에 쓰며, 사士와 백성이 본받도록 가르친 뒤에 이루어 인仁을 으뜸으로 삼고 의義에 근본을 두어야 한다. 천자와 제후는 반드시 봄과 가을에 무武를 강습하고 전차戰車와 군도軍徒를 점검하며 때의 기운에 맞게 전쟁을 잊지 않는 것이다."

宋均曰 春秋少陽少陰 氣弱未全 須人功而後用 士庶法之 教而後成 宗仁本義 天子諸侯必春秋講武 簡閱車徒 以順時氣 不忘戰也

색은 살펴보니 송균이 이른 것은 본래 인仁과 의義를 높이고 소음少陰과 소양少陽의 기를 도와 이에 따라 교육하고 수레의 무리를 가려 뽑아야 한다는 것이다.

按 宋均云 宗本仁義 助少陰少陽之氣 因而教以簡閱車徒

④ 末節말절

신주 세미말절細微末節을 말한다. 중요하지 않은 작은 일, 또는 작은 문제를 말한다.

대저 싸워서 이기는 것에만 힘써 함부로 무력을 행사하는 자는 후회하지 않는 자가 없었습니다.

옛날 진시황제秦始皇帝는 전쟁에서 승리한 위엄을 믿고 천하를 잠식해 전국戰國의 여섯 나라를 병탄하고 온 천하를 하나로 만들어 공로가 하夏, 은殷, 주周의 삼대三代와 균등했습니다. 그러나 승리하는 것에만 힘써 휴식하지 않고 흉노만을 공격하고자 했습니다. 이사李斯가 간諫했습니다.

'불가합니다. 대저 흉노들은 성곽에서 살거나 양식을 쌓아놓고 지킬 필요가 없이, 새가 날아 옮겨 가듯이 옮겨 다녀① 그들을 잡아 제재하기가 어렵습니다. 날랜 군사로 깊이 쳐들어간다 해도 양식이 반드시 떨어질 것이고, 군량을 뒤따르게 하여 행군하면 무거워서 임무를 수행하지 못할 것입니다. 그들의 땅을 얻더라도 족히 이롭지 못합니다. 그의 백성을 얻더라도 부리거나 지키지 못할 것이고, 이겨서 반드시 그들을 죽인다면 백성의 부모 된 도리가 아닐 것입니다. 중국을 피폐②하게 하면서 흉노와 싸워 마음을 상쾌하게 하는 것은 장구한 계책이 아닙니다.'

夫務戰勝窮武事者 未有不悔者也 昔秦皇帝任戰勝之威 蠶食天下 幷吞戰國 海內爲一 功齊三代 務勝不休 欲攻匈奴 李斯諫曰 不可 夫匈奴無城郭之居 委積之守 遷徙鳥擧① 難得而制也 輕兵深入 糧食必絶 踵糧以行 重不及事 得其地不足以爲利也 遇其民不可役而守也 勝必殺之 非民父母也 靡獘②中國 快心匈奴 非長策也

① 遷徙鳥擧 천사조거

신주 흉노들의 생활상을 말한 것이다. 즉 일정한 곳에 거처하지 않고 필요에 따라 주거지를 옮겨 다니는 것을 이사李斯가 지적한 것이다.

② 靡弊미폐

색은 靡의 발음은 '미靡'이다. 폐弊는 조폐凋敝와 같다.

靡音糜 弊猶凋敝也

진시황제는 듣지 않고 드디어 몽염蒙恬을 시켜 군사를 이끌고 호胡를 공격하게 해 땅 1,000리를 넓히고 하수河水를 경계로 삼았습니다. 그러나 땅은 진실로 소금기가 있는 진펄이어서① 오곡을 생산할 수 없었습니다. 그러한 연후에도 천하의 장정들을 발동해서 북하北河를 수비하게 했습니다. 군사들을 노숙시키고 군대를 들판에 서 있게 한 지 10여 년에 죽은 자들을 이루 다 셀 수가 없었고, 결국 하수를 건너 북쪽으로 진격할 수 없었습니다. 이것이 어찌 사람의 수가 부족하고 무기와 갑주甲冑가 갖추어지지 않은 탓이겠습니까. 그 형세가 불가한 것이었습니다.

秦皇帝不聽 遂使蒙恬將兵攻胡 辟地千里 以河爲境 地固澤(鹹)鹵① 不生五穀 然後發天下丁男以守北河 暴兵露師十有餘年 死者不可勝數 終不能踰河而北 是豈人衆不足 兵革不備哉 其勢不可也

---

① 澤鹵택로

집해 서광이 말했다. "택澤은 다른 판본에는 '척斥'으로 되어 있다." 신찬이 말했다. "그 땅에 늪이 많고 또 소금기가 있는 것이다."

徐廣曰 澤 一作斥 瓚曰 其地多水澤 又有鹵

또 천하 사람들로 하여금 말먹이와 군량미를 신속하게 나르게 했
습니다.[1] 황현과 추현,[2] 낭야琅邪에서 시작하여 바다의 군郡을
등지고 북하北河로 실어 나르는데, 대략 30종鍾을 보내면 한 섬만
이 이르렀습니다. 남자들은 온 힘을 다해 농사를 지어도 식량이
부족했고, 여자들은 길쌈을 해도 군막을 만들기에 부족했습니다.
백성은 지쳐 쓰러지고 고아와 과부와 늙은이와 허약한 자들은 서
로 돌보지 못해 도로에 죽은 자들이 서로 마주보고 있으니, 대개
천하가 진나라를 배반하기 시작한 것입니다.

又使天下蜚芻輓粟[1] 起於黃腄[2]琅邪負海之郡 轉輸北河 率三十鍾而
致一石 男子疾耕不足於糧饟 女子紡績不足於帷幕 百姓靡敝 孤寡老
弱不能相養 道路死者相望 蓋天下始畔秦也

① 蜚芻輓粟비추만속

집해 문영이 말했다. "말의 꼴과 곡식을 수송해 전쟁에 나아가게 한
다는 것이 이것이다."

文穎曰 轉芻穀就戰是也

신주 비추蜚芻는 말의 꼴을 빨리 나른다는 뜻이며, 만속輓粟은 곡식
을 수레에 싣는다는 뜻이다.

② 黃腄황추

집해 서광이 말했다. "추腄는 동래東萊에 있다. 腄의 발음은 '추緇'이다."
徐廣曰 腄在東萊 音緇

색은 현縣 이름이다. 동래에 있다. 腄의 발음은 '처[逐瑞反]'이다. 주음
注音은 '추緇'이다.

縣名 在東萊 音逐瑞反 注音緇

고황제高皇帝 때에 이르러 천하를 평정하고 변방의 땅을 순회하면
서 흉노들이 대곡代谷①의 밖에 모여 있다는 소식을 듣고 공격하
고자 했습니다. 어사 성진成進이 간하기를 '불가합니다. 대저 흉노
들의 성질이 짐승처럼 모였다가 새처럼 흩어져서 이들을 따라 공
격한다는 것은 그림자를 손으로 치는 것과 같습니다.② 지금 폐하
께서 성대한 덕으로 흉노를 공격한다 해도 신은 분명히 위태로우
리라고 생각합니다.'라고 했습니다. 고황제께서 듣지 않으시고 드
디어 북쪽으로 대곡代谷에 이르러 과연 평성平城에서 포위당했습
니다. 고황제께서는 아마도 크게 후회하셨을 것이며 이에 유경劉
敬을 시켜 가서 화친 조약③을 맺게 했습니다.

그러한 연후에 천하에서는 전쟁의 일을 잊었습니다. 그러므로 병
법에 '10만 명의 군사를 일으키면 하루에 1,000금의 비용이 허비
된다.'라고 했습니다. 대저 진秦나라는 항상 백성 수십만 명을 집
합시켜 군사로 나가게 하였는데 비록 적군을 전복시키고 장수를
죽이고 선우를 포로로 잡는 공로가 있을지라도 또한 족히 원한을

맺고 깊은 원수가 되는데 만족할 뿐이고 천하의 비용을 보상하는
데 충분하지 못했습니다.

及至高皇帝定天下 略地於邊 聞匈奴聚於代谷①之外而欲擊之 御史成
進諫曰 不可 夫匈奴之性 獸聚而鳥散 從之如搏影② 今以陛下盛德攻匈
奴 臣竊危之 高帝不聽 遂北至於代谷 果有平城之圍 高皇帝蓋悔之甚
乃使劉敬往結和親之約③ 然後天下忘干戈之事 故兵法曰 興師十萬 日
費千金 夫秦常積衆暴兵數十萬人 雖有覆軍殺將係虜單于之功 亦適足
以結怨深讎 不足以償天下之費

① 代谷대곡

신주 지금의 산서성 번치繁峙 및 옛 순현崞縣 일대이다.

② 如搏影여박영

신주 그림자를 붙잡은 것과 같다는 뜻으로 잡을 수 없음을 이르는 말이다.

③ 和親之約화친지약

신주 한고조가 흉노를 공격했다가 백등산에서 포위되었는데, 뇌물을
받은 흉노의 황후 연지의 도움으로 풀려난 후 유경의 제의로 화친 조약
을 맺은 사건을 말한다.

이때 맺은 조약의 내용은 첫째, 두나라 국경을 만리장성으로 한다. 둘
째, 형제의 맹약을 맺는다. 셋째, 한나라 공주를 선우에게 출가시킨다.
넷째, 흉노에 해마다 솜, 비단, 술, 공식 등을 공급한다. 다섯째, 관시關市
를 개설한다.

불평등한 내용에서 알 수 있듯, 한나라가 흉노에게 굴욕적인 조약을 체결함으로써 당시 흉노의 위상을 짐작할 수 있다.

무릇 위로는 창고를 비게 만들고 아래로는 백성을 피폐하게 하면서 나라 밖을 정벌하는 것을 흡족하게 여기는 것은 완전한 사업이 아닙니다.

무릇 흉노는 얻고 나서도 제재하기가 어려웠던 것이 한 시대만이 아니었습니다. 그들은 도둑질을 감행하고 쳐들어가 몰아가는 것을 업으로 삼는 자들입니다. 그들의 천성이 진실로 그러합니다. 위로는 우虞와 하夏와 은殷과 주周에 이르기까지 단단히 규범을 두어 감독하지 않았고, 새나 짐승 기르듯이 하며 사람으로 소속시키지 않았습니다. 위로 우虞와 하夏와 은殷과 주周의 다스림을 관찰하지 않고 아래로 근세의 실책을 따르려 하니[1] 이것이 신이 크게 우려하는 바이며 백성이 괴롭고 고통스럽게 여기는 것입니다.

夫上虛府庫 下敝百姓 甘心於外國 非完事也 夫匈奴難得而制 非一世也 行盜侵驅 所以爲業也 天性固然 上及虞夏殷周 固弗程督 禽獸畜之不屬爲人 夫上不觀虞夏殷周之統 而下(脩)[循]近世之失[1] 此臣之所大憂 百姓之所疾苦也

---

[1] 而下(脩)[循]近世之失이하(수)[순]근세지실

신주 한고조가 백등산에서 흉노에게 포위되어 곤욕을 치르고 화친 조약을 맺은 일을 가리킨다.

더구나 전쟁이 오래 지속되면 변란이 일어나고, 사태가 어려워지면 바꿀 것을 생각합니다. 이에 변경의 백성으로 하여금 지치고 시름하며 괴롭게 하면 이반離反하는 마음이 생기고, 장수나 관리들이 서로를 의심하며 외국과 내통하는① 것입니다. 그러므로 위타尉佗와 장함章邯이 그들의 사욕을 성취할 수 있었습니다.

무릇 진나라 정치가 행해지지 못한 것은 권세가 두 아들에게 나누어졌기 때문입니다. 이것이 무엇을 얻고 잃었는지 본받을 만한 사례일 것입니다. 그러므로 〈주서〉②에 이르기를 '편안하고 위태로운 것은 정책을 내는 데 달려 있고, 존재하고 멸망하는 것은 등용하는 바에 달려 있다.'고 했습니다. 원컨대 폐하께서는 아래를 자세히 살펴서 잠시라도 마음을 더해 깊이 생각하시기 바랍니다."

且夫兵久則變生 事苦則慮易 乃使邊境之民樊靡愁苦而有離心 將吏相疑而外市① 故尉佗章邯得以成其私也 夫秦政之所以不行者 權分乎二子 此得失之效也 故周書②曰 安危在出令 存亡在所用 願陛下詳察之 少加意而熟慮焉

① 外市외시

<u>집해</u> 장안이 말했다. "외국과 교류해서 자신의 이익을 구하는 것으로 장함章邯의 무리와 같은 것이다."

張晏曰 與外國交求利己 若章邯之比

② 周書주서

<u>신주</u> 《상서》〈주서〉를 말한다.

이때 조趙나라 사람 서악徐樂^①과 제나라 사람 엄안嚴安^②이 함께 글을 올려 세상에서 힘쓸 것들을 각각 한 가지씩 말했다. 서악徐樂이 글을 올려서 말했다.

"신이 듣건대 천하의 근심거리는 땅이 무너지는 데 있지 기와가 깨지는 데 있지 않다고 했습니다. 이것은 예나 지금이나 같습니다. 무엇을 땅이 무너진다고 이르겠습니까? 진秦나라 말세末世가 이것입니다. 진섭陳涉은 제후의 존엄함이나 척토尺土(얼마 되지않는 땅)도 없었습니다. 자신은 왕공王公이나 대인大人이나 명성이 있는 가문의 후예도 아니었고 고을에서의 명성도 없었으며, 공자孔子나 묵적墨翟,^③ 증자曾子 같은 현명한 자도 아니었으며, 도주공陶朱公이나 의돈猗頓 같은 부자도 아니었습니다. 그러나 궁한 사람이 사는 뒷골목에서 일어나 미늘창 자루^④를 잡고 분발해, 한쪽 팔을 걷어 올리고 크게 부르짖자 천하에서 백성이 바람에 풀이 쏠리듯이 따랐으니, 그 까닭이 무엇이었겠습니까?

是時趙人徐樂^①齊人嚴安^②俱上書言世務 各一事 徐樂曰 臣聞天下之患在於土崩 不在於瓦解 古今一也 何謂土崩 秦之末世是也 陳涉無千乘之尊 尺土之地 身非王公大人名族之後 無鄕曲之譽 非有孔墨^③曾子之賢 陶朱猗頓之富也 然起窮巷 奮棘矜^④ 偏袒大呼而天下從風 此其故何也

① 樂악

색은 樂의 발음은 '악岳'이다.

樂音岳

② 嚴安엄안

[색은] 살펴보니 본래의 성姓은 장莊이며 명제의 휘諱를 피해 뒤에 나란히 '엄嚴'으로 고쳤다. 안安과 서악徐樂은 나란히 낭중郎中에 제수되었다. 서악은 뒤에 중대부가 되었다.

按 本姓莊 避明帝諱 後竝改嚴也 安及徐樂竝拜郎中 樂後爲中大夫

③ 孔墨공묵

[신주] 공자孔子와 묵적墨翟을 가리킨다.

④ 棘矜극근

[집해] 矜의 발음은 '근勤'이다.

矜音勤

[색은] 뒤의 글자 矜의 발음은 '근勤'이다. 근矜은 지금의 창자루이다. 극棘은 창이다.

下音勤 矜 今戟柄 棘 戟也

그 이유는 백성이 곤궁했는데도 군주가 구휼하지 않았고, 아래에서 원망했는데도 위에서 알지 못했으며, 풍속이 이미 어지러워졌는데도 정사를 바로잡지 못했기 때문입니다. 이 세 가지가 진섭이 일어나는 밑천이 되었습니다. 이것을 일러 '토붕土崩'[①]이라고 합니다. 이 때문에 천하의 근심은 '토붕'에 달려 있다고 했던 것입니다. 무엇을 '와해瓦解'[②]라고 이릅니까? 오吳와 초楚와 제齊와 조趙나라 군사들이 이것입니다. 7개 국이 도모해 반란을 일으켜 그들 모두가 만승萬乘③의 군주라고 호칭하고 무장시킨 군사가 수십만 명인데도, 위엄은 그들의 국가를 엄정히 하는 데 충분했고, 재물은 그들의 백성을 권조勸助하는 데 풍족했습니다. 그러나 서쪽을 쳐서 한 자 한 치의 땅도 얻지 못하고 자신들은 중원中原에서 사로잡혔으니, 그 까닭이 무엇이었겠습니까?

由民困而主不恤 下怨而上不知(也) 俗已亂而政不脩 此三者陳涉之所以爲資也 是之謂土崩① 故曰天下之患在於土崩 何謂瓦解② 吳楚齊趙之兵是也 七國謀爲大逆 號皆稱萬乘③之君 帶甲數十萬 威足以嚴其境內 財足以勸其士民 然不能西攘尺寸之地而身爲禽於中原者 此其故何也

① 土崩토붕

신주 흙이 무너진다는 뜻으로 백성의 반란을 비유하는 말이다.

② 瓦解와해

신주 기와가 부서진다. 즉 집이 무너진다는 뜻으로 어떤 조직이 급격하게 헤어지거나 흩어지는 것을 비유한다. 여기서는 통치자 내부의 분쟁을 이른 것이다.

③ 萬乘만승

신주 제후, 또는 제후의 자리를 가리키는데, 승乘은 수레를 세는 단위이다. 주周나라 때, 전시에 만승萬乘은 전차 1만 대를 동원할 수 있는 능력을 갖춘 자인 천자, 천승千乘은 전차 1천 대를 동원할 수 있는 능력을 갖춘 자인 제후를 말한다.

그들의 권세가 평범한 지아비보다 가볍고 군사가 진섭의 군사보다 약한 것이 아니었습니다. 당시에 선제先帝의 덕망과 은택이 쇠약하지 않았고 그 땅에서 편안히 살면서 풍속을 즐기는 백성이 많았습니다. 이 때문에 제후들은 나라 밖으로부터 원조를 받지 못했습니다. 이러한 것을 '와해瓦解'라고 이르는 것입니다. 그러므로 천하의 근심은 와해에 있지 않다고 하는 것입니다. 이러한 것으로 말미암아 관찰한다면 천하에 진실로 토붕의 형세가 있게 되면 비록 벼슬도 없고 궁벽한 시골에 사는 선비라도 악당의 두목①이 되어 천하를 위태롭게 할 수 있습니다. 진섭이 이러하니, 하물며 삼진三晉(한, 조, 위)의 군주야 (진나라를) 그대로 두었겠습니까.②

非權輕於匹夫而兵弱於陳涉也 當是之時 先帝之德澤未衰而安土樂俗之民衆 故諸侯無境外之助 此之謂瓦解 故曰天下之患不在瓦解 由是觀之 天下誠有土崩之勢 雖布衣窮處之士或首惡① 而危海內 陳涉是也 況三晉之君或存乎②

① 首惡수악

신주 악의 우두머리를 이르는 말이다.

② 三晉之君或存乎삼진지군혹존호

신주 춘추시대 말기 진晉나라가 토붕土崩되었을 때, 당시의 6경인 범씨, 위씨, 조씨, 중행씨, 지씨, 한씨 중 세 재상인 위사, 조적, 한건이 진나라 땅을 나누어 위魏, 조趙, 한韓 세 나라를 세웠기 때문에 삼진三晉이라했다. 진秦나라 말기 미관말직의 하찮은 진섭도 봉기해 나라를 세웠듯, 그보다 훨씬 큰 세력을 가진 진晉나라가 토붕해서 망해가는데도 세력이 컸던 위사, 조적, 한건이 그 나라를 그대로 존치했겠느냐는 말이다.

천하가 비록 잘 다스려지지 않는다고 하더라도 진실로 토붕土崩의 형세가 없다면, 비록 강한 국가가 날카로운 무기를 가지고 있으나 발꿈치를 돌릴 틈도 얻지 못하고 자신이 포로가 되는 것입니다. 오吳, 초楚, 제齊, 조趙나라가 이런 경우였으니,[1] 하물며 많은 신하와 백성이 난을 일으킬 수 있겠습니까. 이 두 가지의 형상은 국가의 안위를 분명하게 하는 요체입니다. 현명한 군주께서는 유념하시고 깊이 살피십시오.

天下雖未有大治也 誠能無土崩之勢 雖有彊國勁兵 不得旋踵而身爲禽矣 吳楚齊趙是也[1] 況群臣百姓能爲亂乎哉 此二體者 安危之明要也 賢主所留意而深察也

① 吳楚齊趙是也오초제조시야

신주 　오나라와 초나라 등 7국이 일으킨 난을 가리킨다. 한나라 경제 때인 서기전 154년에 오나라 왕 유비劉濞가 주도하여 초, 조, 제(교서, 교동, 치천, 제남)나라 6국과 함께 일으킨 반란이다. 경제는 어사대부 조조晁錯의 삭번책으로 제후왕의 죄를 빌미 삼아 조, 교서, 초나라 봉토를 삭감했다.

오나라도 삭감당하는 위기에 처하자, 유비는 초, 조, 제나라 제후왕과 도모하여 군사를 일으켰다. 결국 태위 주아부의 교묘한 전략으로 유비가 살해되고, 오와 공모한 제후왕들도 모두 살해당함으로써 3개월 만에 평정되었다.

요사이 관동關東 지방은 오곡이 여물지 않는 흉년①으로 그해 평년의 수확이 회복되지 않아 백성은 매우 곤궁하고 변방의 일까지 더해졌습니다. 도리에 따라 미루어 헤아려서 살펴본다면 백성은 또 그들이 처하는 데에 불안함이 있을 것입니다. 불안하면 이 때문에 동요되기 쉬울 것이고 동요하기 쉬운 것은 토붕土崩의 형세입니다. 그러므로 현명한 군주는 오직 만물이 변화하는 근원을 살펴서 편안하고 위태한 기틀을 분명히 하고, 조정에서 이를 다스려 형상되지 않은 상태의 근심을 없앱니다. 그 요체는 그 시기에 천하로 하여금 토붕의 형세가 없도록 하는 것일 뿐입니다. 이 때문에 비록 강한 국가로서 날카로운 무기를 가지고 있다고는 하지만, 폐하께서 달아나는 짐승을 쫓고 나는 새를 활로 쏘며, 연회를 즐기는 원유를 넓히고 마음대로 보고 싶은 것을 즐기며② 말을 달려 사냥하는 즐거움을 누리면서 태연자약하실 수 있을 것입니다.

금석사죽金石絲竹의 모든 악기의 음악 소리③가 귀에 끊이질 않고, 장막 안에서 사사로이 배우와 광대 들의 웃음소리가 면전에서 멈추지 않더라도 천하에는 묵은 근심이 없을 것입니다. 명성을 얻는 데 어찌 탕왕湯王이나 무왕이 필요하며, 풍속을 일으키는 데 어찌 성왕成王과 강왕康王이 필요하겠습니까.

閒者關東五穀不登① 年歲未復 民多窮困 重之以邊境之事 推數循理而觀之 則民且有不安其處者矣 不安故易動 易動者 土崩之勢也 故賢主獨觀萬化之原 明於安危之機 脩之廟堂之上 而銷未形之患 其要 期使天下無土崩之勢而已矣 故雖有彊國勁兵 陛下逐走獸 射蜚鳥 弘游燕之囿 淫縱恣之觀② 極馳騁之樂 自若也 金石絲竹之聲③不絶於耳 帷帳之私俳優侏儒之笑不乏於前 而天下無宿憂 名何必湯武 俗何必成康

① 不登부등

신주 곡식이 여물지 않는다는 뜻으로 곧 흉년을 의미한다.

② 淫縱恣之觀음종자지관

신주 마음대로 보고 싶은 것을 즐긴다는 뜻이다.

③ 金石絲竹之聲금석사죽지성

신주 금석사죽金石絲竹은 종鍾, 경磬, 거문고, 피리 등의 악기를 나타내는 말로 모든 악기로 연주하는 음악을 뜻한다.

비록 그러하나 신이 가만히 생각해보건대 폐하께서는 하늘에서 타고난 성군으로 관대하고 인자한 자질을 지녔으니, 진실로 천하를 다스리는 데에 힘쓰신다면 탕왕이나 무왕의 명성과 같게 되는 것이 어렵지 않고, 성왕이나 강왕의 풍속도 다시 일으키실 것입니다. 이 두 가지 형상을 세우신 연후라야 존경받고 편안한 실제에 처하게 되어 당세에 명성과 명예를 떨치고 빛내 천하의 백성과 친히 하고 사방의 오랑캐들을 감복시키고 남은 은혜로 덕을 베풀어 여러 대를 융성하게 할 것입니다. 병풍을 등지고① 남면南面해 옷맵시를 여미고 앉아 왕공王公에게 읍揖을 받는 것, 이것이 폐하께서 따라야 하실 일입니다. 신이 듣건대, 왕이 도모하다가 성취하지 못해 그 폐단이 생기더라도 족히 안정시킬 수 있다고 했습니다. 편안하게 되면 폐하께서는 무엇을 구한들 얻지 못하겠습니까. 무엇을 한들 성취하지 못하겠습니까. 어디를 정벌한들 복종시키지 못하겠습니까."

雖然 臣竊以爲陛下天然之聖 寬仁之資 而誠以天下爲務 則湯武之名 不難侔 而成康之俗可復興也 此二體者立 然後處尊安之實 揚名廣譽 於當世 親天下而服四夷 餘恩遺德爲數世隆 南面負扆①攝袵而揖王公 此陛下之所服也 臣聞圖王不成 其敝足以安 安則陛下何求而不得 何 爲而不成 何征而不服乎哉

① 負扆부의

신주 도끼 모양의 수를 놓은 병풍을 등지고 남면하여 신하를 대한다는 뜻으로, 천자의 지위에 오름을 이르는 말이다.

제나라 엄안嚴安이 글을 올려서 말했다.

"신이 듣건대, 주周나라는 천하를 차지하고 그 다스린 기간이 300여 년이었습니다. 성왕과 강왕 때가 제일 융성했으며 형벌을 버리고 40여 년 동안을 사용하지 않았다고 했습니다. 그 주나라가 쇠약함에 이른 것이 또한 300여 년이었습니다. 그러므로 오패[五伯]가 번갈아 일어났습니다. 오패는 항상 천자를 보좌해서 이익을 일으키고 해악을 제거했으며 포악한 것을 처벌하고 사특한 것을 금지해 온 천하를 바로잡아 천자를 높였습니다. 오패가 이미 몰락하고 어진 이와 성인이 이어지지 못하자 천자는 고립되고 허약해져 호령이 행해지지 않았습니다. 제후들은 멋대로 행동해 강한 자는 약한 자를 능멸하고 다수는 소수에게 포학하게 했습니다. 전상田常이 제나라를 찬탈했고, 육경六卿[1]이 진晉나라를 분리하면서 함께 전국戰國시대가 되는데, 이는 백성이 고통을 받는 시초였습니다. 이에 강성한 국가는 공격하는 데 힘쓰고 허약한 국가는 수비하는 데 바빠 합종合從과 연횡連橫[2]이 출현하면서 사신들의 오가는 수레가 서로 부딪칠 정도로 분주했으며, 군사들의 갑옷과 투구에는 서캐와 이가 서식했으나 백성들은 하소연할 곳이 없었습니다.

嚴安上書曰 臣聞周有天下 其治三百餘歲 成康其隆也 刑錯四十餘年而不用 及其衰也 亦三百餘歲 故五伯更起 五伯者 常佐天子興利除害 誅暴禁邪 匡正海內 以尊天子 五伯旣沒 賢聖莫續 天子孤弱 號令不行 諸侯恣行 彊陵弱 衆暴寡 田常簒齊 六卿[1]分晉 竝爲戰國 此民之始苦也 於是彊國務攻 弱國備守 合從連橫[2] 馳車擊轂 介胄生蟣蝨 民無所告愬

① 六卿육경

신주 춘추시대 진나라 때 권세를 잡았던 6개의 씨족 출신 재상을 일컫는 말로 범씨, 위씨, 조씨, 중행씨, 지씨, 한씨를 가리킨다.

② 合從連橫합종연횡

신주 소진의 합종설과 장의의 연횡설을 아울러 이르는 말이다. 합종은 전국시대의 칠국 중, 육국인 초楚나라, 제齊나라, 연燕나라, 조趙나라, 위魏나라, 한韓나라가 연합하여 진秦나라에 대항한다는 책략이고, 연횡은 여섯 나라가 각각 진나라와 화친하고 섬기는 책략이다.

진왕秦王에 이르러 천하를 잠식하고 전국戰國의 6개 국을 병탄시키고 황제皇帝라고 칭했습니다. 온 천하의 정치를 주관해서 제후들의 성을 파괴하고 그 군사들의 병기를 녹여 주조해 종鍾과 종틀①을 만들어 세워 두고 다시는 사용하지 않는다는 것을 보였습니다. 순진한 백성은 전국戰國에서 벗어나 명철한 천자를 만났다고 사람마다 스스로 다시 태어난 것같이 생각했습니다. 이러한 때 진나라에서 그의 형벌을 완화하고 세금을 부과하되 징수하는 것을 가볍게 하고 요역을 줄이며, 인의仁義를 귀하게, 권세와 이익을 천하게 여기고 독실하고 인정이 많은 것을 귀하게 여기며,② 지혜와 기술을 천시해③ 풍속을 변화시키고 시속을 바꾸어 온 천하를 변화시켰다면, 대대로 반드시 편안했을 것입니다.

及至秦王 蠶食天下 幷吞戰國 稱號曰皇帝 主海內之政 壞諸侯之城 銷

其兵 鑄以爲鍾虡^① 示不復用 元元黎民得免於戰國 逢明天子 人人自以
爲更生 嚮使秦緩其刑罰 薄賦斂 省繇役 貴仁義 賤權利 上^②篤厚 下智
巧^③ 變風易俗 化於海內 則世世必安矣

① 鍾虡종거

색은 뒤의 글자 虡의 발음은 '거巨'이다. 추탄생본에는 '거鐻' 자로 되
어 있다. 발음이 같다.

下音巨 鄒氏本作鐻 音同

신주 종거는 종鍾과 종을 달아매는 틀이다.

② 上상

색은 상上은 상尙과 같고, 귀貴(귀하다)의 뜻이다.

上猶尙也 貴也

③ 下智巧하지교

색은 지혜와 기술은 아래인 것을 이른다.

謂智巧爲下也

진秦나라에서는 이러한 가르침을 시행하지 않고, 그 옛날의 풍속
만을 따라서 지혜와 기술과 권세와 이익만을 위해 나아가고, 독실
하고 인정이 많으며 충성되고 믿음이 있는 자들을 물리쳤습니다.

법을 엄하게 하고 정치를 까다롭게 하며, 아첨하는 자들이 많아 날마다 그의 아름다운 것만을 듣게 하고 뜻을 넓히고 마음을 잃게 했습니다. 또 하고자 하는 것을 멋대로 해 위엄을 온 천하에 떨치고자 이에 몽염을 시켜 군사를 거느리고 북쪽으로 호胡를 공격하게 해 국토를 넓히고 국경으로 나아가서 북하北河에 수자리 살게 하고 말의 꼴을 빨리 실어 나르면서 곡식을 수레에 실어 그 뒤를 따르게 했습니다.

또 위관 조타趙佗와 도수屠睢[①]에게 누선樓船(수군)의 군사를 거느리고 남쪽으로 백월百越을 공격하게 하고, 감어사監御史 록祿[②]에게 도랑을 파고 양식을 운반하게 해 월나라로 깊숙이 쳐들어가자 월나라 사람들이 달아났습니다. 쓸데없이 날만 오랫동안 끌자 식량이 떨어지고 월나라 사람들이 공격해 진나라 군사들은 크게 패배했습니다. 진秦나라는 이에 위타尉佗를 보내 군사를 인솔하고 월나라를 지키게 했습니다.

秦不行是風而(脩)〔循〕其故俗 爲智巧權利者進 篤厚忠信者退 法嚴政峻 諂諛者衆 日聞其美 意廣心軼 欲肆威海外 乃使蒙恬將兵以北攻胡 辟地進境 戍於北河 蜚芻輓粟以隨其後 又使尉(佗)屠睢[①]將樓船之士 南攻百越 使監祿[②]鑿渠運糧 深入越 越人遁逃 曠日持久 糧食絶乏 越人擊之 秦兵大敗 秦乃使尉佗將卒以戍越

① 尉佗屠睢위타도수

색은 살펴보니 위尉는 관직이다. 타他는 조타趙他이고, 他의 발음은 '다[徒何反]'이다. 도수屠睢는 사람의 성명姓名이다. 睢의 발음은 '수雖'이다.

案 尉 官也 他 趙他也 音徒何反 屠睢 人姓名 睢音雖

② 監祿감록

☐집해☐ 위소가 말했다. "감어사監御史의 이름이 록祿이다."

韋昭曰 監御史名祿也

이 당시 진나라 재앙은 북쪽으로 호胡와 얽히고 남쪽으로 월나라
와 얽혀 군사를 쓸모없는 땅에 묵게 하면서 진격하되 후퇴할 수
없었습니다. 이에 10여 년간 장정들은 갑옷을 입고 처녀들은 짐
을 수송하며 고달파서 사는 것을 바라지 않고 스스로 길가의 나
무에 목을 매어 죽은 자들이 서로 바라볼 정도였습니다.

진시황제가 죽자 천하 사람들은 크게 배반했습니다. 진승陳勝과
오광五廣은 진陳 땅에서 군사를 일으키고,① 무신武臣과 장이張
耳는 조나라에서 군사를 일으키고, 항량項梁은 오吳나라에서 군
사를 일으키고, 전담田儋은 제나라에서 일으키고, 경구景駒는 영
郢 땅에서 군사를 일으키고, 주불周市은 위魏에서 군사를 일으키
고,② 한광韓廣은 연燕에서 군사를 일으켰습니다.

當是時 秦禍北構於胡 南挂於越 宿兵無用之地 進而不得退 行十餘年
丁男被甲 丁女轉輸 苦不聊生 自經於道樹 死者相望 及秦皇帝崩 天下
大叛 陳勝吳廣擧陳① 武臣張耳擧趙 項梁擧吳 田儋擧齊 景駒擧郢 周
市擧魏② 韓廣擧燕

① 陳勝吳廣擧陳진승오광거진

[색은] 진승과 오광이 진陳 땅에서 군사를 일으킨 것을 이른다. 거擧는 통상적인 음으로 읽는다. 어떤 이는 擧의 발음을 '거據'라고 했는데 대개 소략한 것이다. 아래도 동일하다.

謂勝廣擧兵於陳 擧音如字 或音據 恐疎也 下同

② 周市擧魏주불거위

[신주] 진승의 장수였던 주불은 위魏나라 사람으로 옛 위나라 지역을 탈취하라는 명령을 받고 위나라 지역을 장악했다. 이에 주불을 위왕으로 옹립하고자 했으나 의리상 위왕의 후손을 옹립하는 것이 옳다고 하며 사양했다. 제나라와 조나라에서도 수레 50승을 갖추고 주불을 위왕으로 옹립했으나 또다시 사양하므로 위왕의 후손 위구를 세웠다. 〈위표팽월열전魏豹彭越列傳〉에 자세히 나온다.

또 심산유곡에서까지 호걸들이 함께 일어나는데, 이루 다 기록할 수 없을 정도입니다. 그러나 모두 공작公爵이나 후작侯爵의 후예가 아니었고, 장관長官의 아전도 아니었습니다. 한 자 한 치의 세력도 없이 시골 마을에서 일어나 창을 잡고 시세에 따라 모두 움직였으며, 도모하지 않았는데도 함께 일어났습니다. 약속하지 않았는데도 함께 모였으며, 땅이 확장되자① 패왕霸王에까지 이르렀는데, 이것은 시세의 가르침으로 그렇게 된 것입니다. 진秦나라가 귀해져서 천자가 되고 천하를 소유할 만큼 부유했지만, 대代를 잇지 못하고 종묘의 제사를 단절한 것은 무력을 남용해 받은 재앙입니다. 그러므로 주나라는 허약해서 국가를 잃었고, 진나라는 강력해서 천하를 잃었는데, 이것은 시세의 변화에 따르지 못한 환난이었습니다.

窮山通谷豪士並起 不可勝載也 然皆非公侯之後 非長官之吏也 無尺寸之勢 起閭巷 杖棘矜 應時而皆動 不謀而俱起 不約而同會 壤長①地進 至于霸王 時敎使然也 秦貴爲天子 富有天下 滅世絕祀者 窮兵之禍也 故周失之弱 秦失之彊 不變之患也

① 長장

집해 장안이 말했다. "장長은 나아감을 더한 것이다."

張晏曰 長 進益也

지금 남이南夷(남쪽 오랑캐)를 불러들이고 야랑夜郞을 조회하게 하고 강북羌僰(오랑캐)①을 항복시키고 예주濊州②를 빼앗아 성과 읍을 건설하고 흉노에게 깊이 쳐들어가 그들의 용성龍城을 불사르고자 했습니다.③ 이에 논의하는 자들은 이것을 훌륭하다고 말합니다. 이는 인신人臣들의 이익이 될 수 있으나 천하를 위한 장구한 책략은 아닙니다. 지금 중국은 개가 짖어 놀랄 일이 없는데도 나라 밖, 먼 지방까지 방벽을 쌓아 국가를 피폐하게 하는 것은 백성을 사랑하는 까닭이 아닙니다. 끝없는 욕심을 부려 마음 내키는 대로

하는 것에 만족해서 흉노에게 원한 맺히게 하는 것은 변방을 편안하게 하는 바가 아닙니다. 재앙이 맺혔다가도 풀지 못하면 전쟁이 그쳤다가도 다시 일어나게 되니, 가까이 있는 자들은 근심으로 고통스러워하고, 멀리 있는 자들은 놀라 혼란하게 되어 (천하를) 오래도록 유지할 수 있는 방법이 아닙니다.

今欲招南夷 朝夜郎 降羌僰[①] 略濊州[②] 建城邑 深入匈奴 燔其龍城[③] 議者美之 此人臣之利也 非天下之長策也 今中國無狗吠之驚 而外累於遠方之備 靡敝國家 非所以子民也 行無窮之欲 甘心快意 結怨於匈奴非所以安邊也 禍結而不解 兵休而復起 近者愁苦 遠者驚駭 非所以持久也

① 羌僰강북

[색은] 僰의 발음은 '북[白北反]' 또는 '폭[皮逼反]'이다.

僰 白北反 又皮逼反

② 濊州예주

[집해] 여순이 말했다. "동이東夷이다."

如淳曰 東夷也

[색은] 예주濊州는 지명地名이며 곧 옛날 예맥국濊貊國이다. 濊의 발음은 '예[紆廢反]'이다.

濊州 地名 即古濊貊國也 音紆廢反

③ 燔其龍城번기용성

색은 용성龍城은 흉노의 성 이름이다. 龍의 발음은 '용龍'이다. 燔의
발음은 '번煩'이다. 번燔은 '소燒'(타다)이다.

匈奴城名 音龍 燔音煩 燔 燒也

신주 용성은 흉노의 선우單于가 하늘에 제사 지내는 곳을 말하는데,
이때 여러 마을 사람들이 이곳에 많이 모인다.

지금 천하는 갑옷을 만들고 검을 갈며 화살대를 바로잡고 활시위
를 메우며 물자를 수송하고 양식을 운반하느라 휴식할 수가 없으
니, 이는 천하가 함께 우려하는 바입니다.

대저 전쟁을 오래 끌면 변란이 일어나고 사업이 번거로우면 걱정
이 생깁니다. 지금 나라 밖 군郡들의 지역이 거의 1,000리가 되기
도 하고 늘어선 성들이 수십 개이며 형세로 속박하고 땅으로 백
성들을 제재하며① 곁의 제후들을 위협하는 것은 공실公室에게
이롭지 않습니다. 위로 제齊나라와 진晉나라가 멸망한 까닭을 살
펴보면 공실의 지위는 낮아지고 쇠약해졌으나 육경六卿의 지위는
성대해졌기 때문입니다. 아래로 진秦나라가 멸망한 까닭을 살펴
보면 법이 지나치게 엄하고 욕심이 끝없이 컸기 때문입니다. 지금
군수의 권한은 육경보다 무거울 뿐만 아니라 토지는 몇천 리로
마을을 근거로 삼은 것에 비교할 바가 아니며, 갑옷, 병기와 각종
장비는 창이나 창자루에 비교할 바가 아닙니다. 만세의 큰 변란을
만난다면 피할 수 없을 것입니다."

今天下鍛甲砥劍 橋箭累弦 轉輸運糧 未見休時 此天下之所共憂也 夫

兵久而變起 事煩而慮生 今外郡之地或幾千里 列城數十 形束壤制^① 旁脅諸侯 非公室之利也 上觀齊晉之所以亡者 公室卑削 六卿大盛也 下觀秦之所以滅者 嚴法刻深 欲大無窮也 今郡守之權 非特六卿之重也 地幾千里 非特閭巷之資也 甲兵器械 非特棘矜之用也 以遭萬世之變 則不可稱諱也

① 形束壤制_{형속양제}

[집해] 복건이 말했다. "단속하는 권한이 군수에게 있어, 토양으로 오로지 백성을 통제할 수 있음을 말한 것이다." 소림이 말했다. "그 토지의 형세를 보고, 그의 백성을 단속하고 통제할 수 있음을 말한 것이다."

服虔曰 言所束在郡守 土壤足以專民制 蘇林曰 言其土地形勢足以束制其民也

[색은] 살펴보니 지형이나 토양은 모두 단속하고 통제하는 권한이 제후에게 있음을 이른 것이다.

案 謂地形及土壤皆束制在諸侯也

글이 천자에게 아뢰어지자 천자가 세 사람을 만나보고 이르기를 "공公 등은 모두 어디에 있었는가? 어찌 서로 만나는 것이 늦었는가?^①"라고 했다.

이에 무제가 주보언과 서악과 엄안을 제수해서 낭중郎中으로 삼았다. 주보언은 자주 배알하며 상소문을 올려 국사를 말하니 조서를 내려 주보언을 제수해 알자謁者로 삼았다.

옮겨서 중대부中大夫로 삼았다. 1년 중에 네 번이나 주보언의 자리를 옮겼다.

書奏天子 天子召見三人 謂曰 公等皆安在 何相見之晚也① 於是上乃拜主父偃徐樂嚴安爲郞中 〔偃〕數見 上疏言事 詔拜偃爲謁者 遷(樂)爲中大夫 一歲中四遷偃

① 公等皆安在何相見之晚也공등개안재하상견지만야

집해 서광이 말했다. "다른 《사기》의 판본에는 모두 엄안嚴安을 만나보지 않았다고 했는데, 이 판본은 찬술한 자가 모두 《한서》에서 취했기 때문일 뿐이다. 그러나 《한서》에서 크게 다른 것을 수용한 것이 마땅하지 않다. 어떤 이는 《사기》에서 빠지고 탈락한 것에 가필하여 이어 놓은 것을 필사한 것이라고 했다."

徐廣曰 它史記本皆不見嚴安 此旁所纂者 皆取漢書耳 然漢書不宜乃容大異 或寫史記承闕脫也

색은 纂의 발음은 '찬撰'이다.

纂音撰

주보언이 무제를 설득했다.

"옛날에는 제후들의 봉지封地가 사방으로 100리를 벗어나지 않아 강하거나 약할지라도 형세를 제재하기가 쉬웠습니다. 지금의 제후들은 어떤 경우 성城이 수십 개나 이어지고, 국토는 사방으로

1,000리나 됩니다. 관대하게 대하면 교만하고 사치해 쉽게 음란해지고 엄하게 대하면 자신의 강력함을 믿고 합종책을 써서 조정[①]을 거역할 겁니다. 이제 법으로 그들의 봉지를 삭감한다면 반역행위[②]가 싹터 일어날 것이니, 지난날 조조鼂錯의 경우가 이러한 것입니다.

偃說上曰 古者諸侯不過百里 彊弱之形易制 今諸侯或連城數十 地方千里 緩則驕奢易爲淫亂 急則阻其彊而合從以逆京師[①] 今以法割削之 則逆節[②]萌起 前日鼂錯是也

① 京師경사

신주 한 나라의 중앙 정부가 있는 곳으로 넓은 의미로는 나라 수도를, 작은 의미로는 조정을 가리킨다.

② 逆節역절

신주 반역하려고 생각하거나 그러한 행위를 가리킨다.

또 지금 제후의 자제들이 혹은 십수 명인데도 적자만이 계승해서 대대로 즉위하고, 나머지는 비록 골육일지라도 한 자 한 치의 봉지가 없어 인효仁孝의 도가 베풀어지지 않습니다. 원컨대 폐하께서는 제후들에게 은혜를 베풀어 자제들에게 나누어주고, 그 땅에 후侯를 삼도록 명하십시오. 저들은 개개인이 기뻐하고 원하는 바를

얻으니 주상께서 덕을 베풀었다고 여길 것입니다. 그러나 실제로
는 그의 국가를 분리하는 것이니^① 삭감하지 않아도 점점 허약해
질 것입니다."

이에 무제가 그의 계책을 따랐다.^②

今諸侯子弟或十數 而適嗣代立 餘雖骨肉 無尺寸地封 則仁孝之道不
宣 願陛下令諸侯得推恩分子弟 以地侯之 彼人人喜得所願 上以德施
實分其國^① 不削而稍弱矣 於是上從其計^②

① 上以德施 實分其國상이덕시 실분기국

신주 이를 '추은령推恩令'이라고 한다. 가의賈誼의 '강간약지책强幹弱枝
策'과 조조晁錯의 '삭번책削藩策'은 강한 제후를 통제할 목적으로 제시된
정책으로, 조조는 제후의 죄를 들어 그들의 봉지를 삭감할 것을 주장했
고, 가의는 한 봉지封地의 왕으로 여러 명을 더 봉하여 세력을 분산시켜
서 이들을 중앙에서 관리하자는 것이었다. 이로 보아 추은령은 가의의
'강간약지책'과 가깝지만 제후가 자신의 봉국을 그의 자식들에게 나누
어 후로 삼도록 한 것이 강간약지책과 차이가 있다.

② 上從其計상종기계

집해 서광이 말했다. "원삭元朔 2년, 처음으로 제후왕을 시켜서 자제
들에게 나누어 봉하라고 했다."

徐廣曰 元朔二年 始令諸侯王分封子弟也

몰락한 주보언

또 무제를 설득했다.

"무릉茂陵[1]을 처음으로 세웠으니 천하의 호걸, 지주地主,[2] 대중을 어지럽히는 백성을 모두 무릉으로 옮겨서, 안으로는 조정을 충실하게 하고, 밖으로 간사하고 교활한 자들을 소탕하십시오. 이것은 이른바 처벌하지 않고 해악을 제거하는 것입니다."

무제가 또 그의 계책을 따랐다.

위황후衛皇后를 높여 세우고 연왕 정국定國의 비밀스러운 일이 적발되는데[3] 이른 것은 모두 주보언의 공로가 있었다. 대신들이 모두 그의 입을 두려워하고 수천금의 뇌물을 보냈다. 어떤 사람이 주보언을 설득했다.

"몹시 부정不正하게 한다.[4]"

又說上曰 茂陵[1]初立 天下豪桀幷兼之家[2] 亂衆之民 皆可徙茂陵 內實京師 外銷姦猾 此所謂不誅而害除 上又從其計 尊立衛皇后 及發燕王定國陰事[3] 蓋偃有功焉 大臣皆畏其口 賂遺累千金 人或說偃曰 太橫[4]矣

① 茂陵무릉

무릉茂陵은 한무제 능호陵號이다. 중국 섬서성陝西省 흥평현興平縣을 말하는데, 능이 무제 생전에 이곳에 조성됨으로써 지명이 되었다.

② 幷兼之家병겸지가

신주 광대한 토지를 보유한 지주를 일컫는다.

③ 燕王定國陰事연왕정국음사

신주 연왕 유정국劉定國이 아버지의 첩과 간통해 아들 하나를 낳았고, 아우의 아내를 빼앗아 첩으로 들였으며, 또 딸 셋과 간통했다. 주보언이 이 일을 무제에게 아뢰자 공경들은 마땅히 주살해야 한다고 했다. 황제가 허락하니 연왕 정국 24년(서기전 128) 자결했다. 〈형연세가荊燕世家〉에 자세히 나온다.

④ 太橫태횡

신주 지나치게 횡포를 저지른다는 의미이다.

주보언이 말했다.

"신이 머리를 묶어 올리고 각지로 유학한 지 40여 년이나 나 자신이 뜻한 바를 얻지 못했습니다. 부모는 자식으로 여기지 않고 형제들은 거두어주지 않았습니다. 빈객들은 나를 방기해 고통스러운 날이 너무 길었습니다. 또 대장부로 태어나 오정식五鼎食①을 먹지 못한다면 죽을 때 오정五鼎에 삶길 뿐입니다. 나는 해가 저물고 갈 길은 멀기 때문에 순서를 바꿔 거꾸로 행하고 서둘러 일하는 것입니다.②"

주보언이 강하게 말했다.

"삭방朔方은 땅이 비옥하고 밖으로는 하수河水가 막고 있어 진秦 나라 몽염이 성을 쌓아 흉노를 쫓아낸 곳이며, 이곳을 국경 안으로 삼으면 물품을 수송하는 물길을 지켜서 중국을 넓히고 호胡를 멸망시키는 근본이 됩니다."

무제가 그의 설명을 받아들이고 공경에게 내려서 의논하게 했는데 모두가 불편하다고 했다.

공손홍이 말했다.

"진秦나라 때 항상 30만 명의 군사들을 발동시켜 하북에 성을 쌓았는데, 끝까지 계속하지 못하고 그 후 얼마 안 되어 버렸습니다."

주보언이 강하게 그 편리함을 말하자 주상이 마침내 주보언의 계책을 채용해서 삭방군을 세웠다.

主父曰 臣結髮游學四十餘年 身不得遂 親不以爲子 昆弟不收 賓客棄我 我阨日久矣 且丈夫生不五鼎食① 死卽五鼎烹耳 吾日暮途遠 故倒行暴施之② 偃盛言朔方地肥饒 外阻河 蒙恬城之以逐匈奴 內省轉輸戍漕廣中國 滅胡之本也 上覽其說 下公卿議 皆言不便 公孫弘曰 秦時常發三十萬衆築北河 終不可就 已而棄之 主父偃盛言其便 上竟用主父計立朔方郡

① 五鼎食오정식

<u>신주</u> 오정식五鼎食은 소, 양, 돼지, 물고기, 순록을 희생으로 삼아 다

섯 개의 솥에 삶아 제사를 지내는데, 사士는 삼정三鼎으로 하고 대부는 오정五鼎으로 한다. 또한 오정은 이 다섯 솥을 놓고 먹고 즐길 정도의 부귀한 생활을 말하며 작위가 높은 사람의 미식을 뜻하기도 한다.

② 吾日暮途遠 倒行暴施之 오일모도원 도행폭시지

색은 살펴보니 주보언이 말하기를 "나는 해가 저물고 갈 길이 멀어 앞으로 갈 길에 다다라 넘어지지 않을까 두렵다. 이 때문에 거꾸로 행하고 거꾸로 베풀어서 곧 이를 수 있을 뿐이다."라고 했다. 지금 이 본本에는 '폭暴'으로 되어 있다. 폭暴은 이미 곤궁한 지 오래되어 퍼져서 모름지기 서둘러 일을 행해 상쾌한 마음을 가지는 것을 말한다. 폭暴은 졸卒이고 급急(급하다)이다.

按 偃言吾日暮途遠 恐赴前途不跌 故須倒行而逆施 乃可及耳 今此本作暴 暴者 言已困久得申 須急暴行事以快意也 暴者 卒也 急也

무제 원삭元朔 2년, 주보언은 제왕齊王이 궁 안에서 음란하고 사벽한 것을 행하고 있다고 말했다. 무제가 주보언을 제수해 제나라 상신으로 삼았다.
제나라에 이르러 두루 형제와 빈객들을 불러서 500금을 나누어 주고 이를 헤아리며 말했다.
"처음 내가 가난했을 때 형제들은 나에게 음식과 옷을 주지 않았고 빈객들은 나를 문안으로 들이지 않았소. 지금 나는 제나라 상신인데 여러분은 나를 맞이하러 혹은 1,000리 밖까지 나왔소.

나는 그대들과 절교하겠소. 다시는 내 집 문안으로 들어오지 마시오."

이에 사람을 시켜 제왕이 누이와 간통한 사건으로 왕을 동요시켰다. 왕은 마침내 죄에서 벗어나지 못할 것으로 여기고 연왕燕王처럼 사형으로 논죄될까 두려워 이에 자살했다. 관리가 천자에게 보고했다.

주보언은 처음 평민 생활을 할 때 일찍이 연나라와 조나라를 유력한 적이 있었는데 귀해지자 연나라의 일을 드러낸 것이다. 이에 조왕趙王은 그가 조나라의 근심거리가 될까 봐 두려워 글을 올려서 주보언의 비밀을 말하려고 했으나 주보언이 궁 안에 있어서 감히 말하지 못했다. 이에 제나라 상신이 되어 함곡관을 나가자 곧 사람을 시켜 글을 올려서 고하기를 '주보언이 제후들에게 금金을 받고 있습니다. 이 때문에 제후의 자제 중 봉지를 많은 얻은 자가 있습니다.'라고 했다.

제나라 왕이 자살하자 무제는 듣고 크게 노여워하며 이는 주보언이 왕을 겁박해서 자살하게 한 것이라고 여기고 이에 주보언을 관리에게 내려 치죄하게 했다. 주보언이 제후들의 금金을 받은 것은 자복했으나 실제로 제나라 왕을 겁박해 자살하게 한 것은 아니었다. 이에 무제가 처벌하지 않으려고 했다.

元朔二年 主父言齊王內淫佚行僻 上拜主父爲齊相 至齊 遍召昆弟賓客 散五百金予之 數之曰 始吾貧時 昆弟不我衣食 賓客不我內門今吾相齊 諸君迎我或千里 吾與諸君絶矣 毋復入優之門 乃使人以王與姊姦事動王 王以爲終不得脫罪 恐效燕王論死 乃自殺 有司以聞 主父始

為布衣時 嘗游燕趙 及其貴 發燕事 趙王恐其爲國患 欲上書言其陰事
爲偃居中 不敢發 及爲齊相 出關 即使人上書 告言主父偃受諸侯金 以
故諸侯子弟多以得封者 及齊王自殺 上聞大怒 以爲主父劫其王令自殺
乃徵下吏治 主父服受諸侯金 實不劫王令自殺 上欲勿誅

이때 공손홍이 어사대부가 되어 말했다.

"제齊나라 왕이 자살하고 후사가 없어 국가는 없어지고 군郡으로
삼아 한漢나라에 편입했습니다. 주보언은 본래 그 못된 짓을 한
우두머리이니 폐하께서 주보언을 처벌하지 않으신다면 천하에 변
명할 명분이 없을 것입니다."

이에 드디어 주보언과 그의 집안을 멸족했다.

주보언이 바야흐로 귀해지고 총애를 받을 때는 빈객들이 수천 명
이었는데 그의 집안을 멸족함에 이르러서는 한 사람도 시체를 거
두는 자가 없었다. 오직 홀로 효洨 땅의 공차孔車[1]만이 시체를 거
두어 장례를 치렀다. 천자가 뒤에 듣고 공차孔車를 장자長者로 여
겼다.

是時公孫弘爲御史大夫 乃言曰 齊王自殺無後 國除爲郡 入漢 主父偃
本首惡 陛下不誅主父偃 無以謝天下 乃遂族主父偃 主父方貴幸時 賓
客以千數 及其族死 無一人收者 唯獨洨孔車[1]收葬之 天子後聞之 以爲
孔車長者也

① 洨孔車효공차

집해 　서광이 말했다. "공차孔車는 효浹 땅 사람이다. 패沛에 효현浹縣
이 있다."

徐廣曰 孔車 浹人也 沛有浹縣

색은 　浹의 발음은 '효[戶交反]'이다. 살펴보니 현 이름이고 패沛에 있다.
車의 발음은 '차[尺奢反]'이다.

浹 戶交反 按 縣名 在沛 車 尺奢反

태사공은 말한다.

공손홍은 행동이나 의리가 비록 닦아졌으나 또한 시대를 잘 만났
다. 한漢나라가 일어난 지 80여 년,① 천자는 바야흐로 문학으로
향하고 준걸俊傑한 인재를 초청해 유학儒學과 묵가墨家의 학문을
넓히려고 해 공손홍이 첫째로 천거되었다. 주보언이 요로要路에
있을 때는 여러 공公이 모두 칭찬했으나 이름이 무너지고 처형되
니 사士들이 다투어 그의 나쁜 점을 말했다. 슬프구나.

太史公曰 公孫弘行義雖脩 然亦遇時 漢興八十餘年①矣 上方鄉文學 招
俊乂 以廣儒墨 弘爲擧首 主父偃當路 諸公皆譽之 及名敗身誅 士爭言
其惡 悲夫

---

① 漢興八十餘年한흥팔십여년

집해 　서광이 말했다. "한나라 초에서 무제 원삭元朔 2년에 이르기까지
는 80년이다."

徐廣曰 漢初至元朔二年八十年也

후대의 가필

태황태후는 대사도大四徒와 대사공大司空에게 조서를 내렸다.①

"대저 듣자니 국가를 다스리는 도는 백성을 부유하게 하는 것으로 시작하고 백성을 부유하게 하는 요체는 절약하고 검소한 데 있다고 했다. 《효경》에서 '위를 편안하게 하고 백성을 다스리는 것은 예禮보다 좋은 것이 없다.'라고 했고 또 《논어》에서 '예는 사치하는 것보다는 차라리 검소한 것이 낫다.'라고 했다.

옛날에 관중管仲은 제나라 환공의 재상이 되어 제후의 패자霸者가 되게 해 아홉 번 제후를 규합하고 한 번에 천하를 바로잡게 한 공로가 있었는데도 중니仲尼는 '예를 알지 못한다.'라고 했다. 이것은 관중이 매우 사치하고 군주에 견주는 생활을 했기 때문이었다.

太皇太后詔大司徒大司空① 蓋聞治國之道 富民爲始 富民之要 在於節儉 孝經曰 安上治民 莫善於禮 禮 與奢也寧儉 昔者管仲相齊桓 霸諸侯 有九合一匡之功 而仲尼謂之不知禮 以其奢泰侈擬於君故也

① 太皇太后詔大司徒大司空태황태후조대사도대사공

집해 서광이 말했다. "이 조서는 평제平帝 원시元始 연중에 내린 왕원

후王元后의 조서이다. 후대사람이 이것을 베꼈는데 반고에 이르러 칭송한 바를 권 뒤에 이은 것이다."

徐廣曰 此詔是平帝元始中王元后詔 後人寫此及班固所稱 以續卷後

색은 살펴보니 서광은 "이것은 평제 원시 연중의 조서로, 권 뒤에 이은 것이다."라고 했다. 곧 또 저소손 선생이 기록한 것은 아니다.

按 徐廣云 此是平帝元始中詔 以續卷後 則又非褚先生所錄也

하夏나라 우禹임금의 궁실은 낮고 의복은 거칠었는데, 그의 후손들이 따르지 않았다. 이로 말미암아 말한다면 다스림의 성대함이란 덕이 넉넉한 것이며 (덕이 넉넉한 것은) 검소함보다 나은 것이 없다. 검소한 것으로 백성의 풍속을 교화한다면 높고 낮은 사람들의 차례가 생기고 골육의 은혜가 친해지고 송사하는 근원이 종식될 것이다. 이것은 집안이 넉넉해지고 사람들이 풍족해져서 형벌을 쓰지 않아도 되는 근본이다. 힘쓰지 않을 수 있겠는가. 대저 삼공三公이란 온갖 관료를 거느리는 모든 백성의 사표이다. 곧은 표식을 세운다면 그림자가 굽어지는 일은 없을 것이다.

공자께서 '그대가 바르게 거느리면 누가 감히 바르지 않겠는가? 착한 사람을 등용하고 능숙하지 못한 이를 가르친다면 그것이 권장하는 것이다.'라고 이르지 않았던가. 오직 한漢나라가 발흥한 이래로 고굉股肱의 재상들이 몸소 검약儉約한 생활을 실행하고, 재물을 경시輕視하고 의를 중시重視하여 분명하게① 현명함을 보인 이는 옛 승상 평진후平津侯 공손홍 같은 이가 없었다.

지위는 승상에 있으면서 베 이불을 덮고 현미밥을 먹으며 한 끼의 식사는 한 접시의 고기반찬에 지나지 않았다. 그리고 받은 녹봉을 친구나 친한 빈객들에게 모두 나누어 주어 남겨진 재산이 없었다. 진실로 안으로는 스스로 검약하고 밖으로는 제도를 따랐다. 급암이 힐난하자 이에 조정에 사실이 알려졌다. 이러한 것을 제도를 감소시키면서^② 가히 실행에 옮겼다고 이를 것이다. 덕을 넉넉하게 하면 행해지고 그러하지 않게 되면 중지되어 안으로는 사치와 태만을 함께하고 밖으로는 거짓된 행위로 헛된 명예를 낚시질하는 자와는 부류가 다르다.

夏禹卑宮室 惡衣服 後聖不循 由此言之 治之盛也 德優矣 莫高於儉 儉化俗民 則尊卑之序得 而骨肉之恩親 爭訟之原息 斯乃家給人足 刑錯之本也歟 可不務哉 夫三公者 百寮之率 萬民之表也 未有樹直表而得曲影者也 孔子不云乎 子率而正 孰敢不正 擧善而敎不能則勸 維漢興以來 股肱宰臣身行儉約 輕財重義 較然^①著明 未有若故丞相平津侯公孫弘者也 位在丞相而爲布被 脫粟之飯 不過一肉 故人所善賓客皆分奉祿以給之 無有所餘 誠內自克約而外從制 汲黯詰之 乃聞于朝 此可謂減於制度^②而可施行者也 德優則行 否則止 與內奢泰而外爲詭服以釣虛譽者殊科

① 較然각연

색은 較의 발음은 '각較'이다. 각較은 명明(분명히)이다.

較音角 較 明也

② 減於制度감어제도

집해 응소가 말했다. "예禮에는 귀해서 항상 존엄한 것이 있고 의복에는 항상 품등이 있다."

應劭曰 禮 貴有常尊 衣服有常品

공손홍은 병이 있어 사직을 청하자 효무황제께서 곧 조서를 내려서 말했다. '공로가 있으면 상을 주고 덕이 있으면 그것을 기리고, 선善은 좋아하고 악惡은 미워하는 것을 군君은 마땅히 알 것이다. 그 마음을 살피고 정신을 보전하여 의원의 약으로 다스리기를 바란다.'

무제는 휴가를 내려 병을 치료하게 하고 쇠고기와 술과 여러 가지 비단을 하사했다. 수개월이 지나 병이 치유되어 사무를 살폈다. 무제 원수元狩 2년에 마침내 재상의 지위에 있으면서 일생을 좋게 마쳤다. 대저 신하를 아는 것은 군주만 한 이가 없다고 했는데, 이것이 그 증거이다. 공손홍의 아들 도度는 작위를 계승하고 뒤에 산양태수가 되었다가 법에 저촉되어 후작을 잃었다. 대저 덕을 표창하고 의를 빛내 풍속을 선도하고 교화에 힘쓰는 것은 성왕의 제도이며 바뀌지 않는 도이다. 그 공손홍의 후예로 서열상으로 그의 뒤를 이어야 할 자에게 관내후 작위를 하사하고 식읍 300호를 준다. 그리고 그를 불러서 공거公車에 나아가게 하고 이름을 상서에 올리면 짐이 친히 나아가 (작위를) 제수하겠다."

以病乞骸骨 孝武皇帝卽制曰賞有功 褒有德 善善惡惡 君宜知之 其省

思慮 存精神 輔以醫藥 賜告治病 牛酒雜帛 居數月 有瘳 視事 至元狩二
年 竟以善終于相位 夫知臣莫若君 此其效也 弘子度嗣爵 後爲山陽太
守 坐法失侯 夫表德章義 所以率俗厲化 聖王之制 不易之道也 其賜弘
後子孫之次當爲後者爵關內侯 食邑三百戶 徵詣公車 上名尙書 朕親
臨拜焉

반고班固는 일컬어 말했다.

"공손홍公孫弘이나 복식卜式이나 아관兒寬은 모두 홍점지익鴻漸之
翼으로 제비나 참새 따위에게 곤욕을 당하고[1] 먼 곳에서 양이나
돼지를 길렀다.[2] 그들이 때를 만나지 못했다면 어찌 능히 이러한
지위에 이르렀겠는가. 이때는 한나라가 일어난 지 60여 년, 온 천
하가 잘 다스려져[3] 편안했고 창고는 가득 찼으나 사방의 오랑캐
들이 빈賓으로 복종하지 않았고 제도에 결함이 많았다.

班固稱曰公孫弘卜式兒寬皆以鴻漸之翼困於燕雀[1] 遠迹羊豕之閒[2] 非
遇其時 焉能致此位乎 是時漢興六十餘載 海內乂[3]安 府庫充實 而四夷
未賓 制度多闕

① 鴻漸之翼困於燕雀홍점지익곤어연작

집해 이기李奇가 말했다. "점漸은 진進(나아가다)이다. 기러기는 한 번 날
면 1,000리를 나아가는데, 깃과 날개가 재목이다. 공손홍 등은 모두 큰
재목인데, 처음에는 세속에서 박대당했다. 이는 제비와 참새가 기러기와
고니의 뜻을 알지 못한 것과 같다."

李奇曰 漸 進也 鴻一擧而進千里者 羽翼之材也 弘等皆以大材 初爲俗所薄 若
燕雀不知鴻鵠之志也

[색은] 살펴보니 공손홍 등이 때를 만나지 못하고 당시에 경시당했다.
기러기가 날아 차츰차츰 나아가지 못해 제비와 참새에게 곤욕을 당한
것과 같다. 이 제비와 참새가 어찌 기러기와 고니의 뜻을 알았겠는가?

按 謂公孫弘等未遇 爲時所輕 若飛鴻之未漸 受困於燕雀也 是燕雀安知鴻鵠之
志也

② 遠迹羊豕之閒원적양시지간

[집해] 위소가 말했다. "원적遠迹은 밭을 갈고 가축을 치는 것을 먼 지
방에서 있다는 것을 이른다."

韋昭曰 遠迹謂耕牧在於遠方

[색은] 살펴보니 공손홍은 돼지를 키웠고 복식은 양을 키웠다.

案 公孫弘牧豕 卜式牧羊也

③ 乂예

[색은] 예乂는 다스림이다.

乂 理也

무제는 바야흐로 문文과 무武의 인재를 등용하고자 했지만, 인재
를 구해도 항상 부족한 듯했다. 처음에는 부들로 바퀴를 감싼 수
레를 보내 매생枚生(枚乘)을 맞이했다.① 주보언을 만나보고는 늦게

만난 것을 한탄했다.^② 모든 신하가 흠모해 따르자 비범한 사람들이 함께 출현했다. 복식ト式은 목축하다가 등용되었고, 상홍양桑弘羊은 장사치로 있다가 발탁되었다. 위청衛靑은 노예에서 명성을 떨쳤고, 김일제金日磾는 항복한 포로에서 출발했다. 이들은 지난날 판版으로 담을 쌓던 은나라 부열傳說이나 반우가飯牛歌를 불러 제나라 환공에게 등용되었던 영척甯戚의 벗들일 것이다. 한나라에서 인재를 얻은 것은 이때 가장 성대했다.

上方欲用文武 求之如弗及 始以蒲輪迎枚生^① 見主父而歎息^② 群臣慕嚮 異人竝出 卜式試於芻牧 弘羊擢於賈豎 衛靑奮於奴僕 日磾出於降虜 斯亦曩時版築飯牛之朋矣 漢之得人 於玆爲盛

① 蒲輪迎枚生포륜영매생

[색은] 살펴보니 매승枚乘을 이른다. 한나라 처음에는 신공申公을 또한 부들로 바퀴를 싼 수레로 맞이했다. 수레바퀴를 부들로 감싸서 풀과 나무에 손상되지 않게한 것을 이른다. 또 부들은 아름다운 풀이다. 그러므로 《예기》에는 '포벽蒲璧'이라는 것이 있는데 대개 부들을 수레바퀴에 그려서 장식을 빛나게 했다.

案 謂枚乘也 漢始迎申公 亦以蒲輪 謂以蒲裏車輪 恐傷草木也 且蒲是草之美者 故禮有蒲璧 蓋畫蒲於輪以爲榮飾也

② 見主父而歎息견주보이탄식

[색은] 살펴보니 상문上文에 엄안嚴安 등이 글을 올리자 무제가 이르기를 "공公 등은 어디에 있어서 어찌 서로 만나는 것이 늦었소?"라고 한 것

이 이것이다.

案 上文嚴安等上書 上曰 公等安在 何相見之晩是也

유자儒者의 바른 도리를 갖춘 자들은 공손홍公孫弘과 동중서董仲舒와 아관兒寬이었다. 성실하게 행동한 자들은 석건石建과 석경石慶이었다. 질박하고 정직한 자는 급암汲黯과 복식卜式이었다. 어진 이를 추천한 자는 한안국韓安國과 정당시鄭當時였다. 법령을 안정시킨 자는 조우趙禹와 장탕張湯이었다. 문장가는 사마천司馬遷과 사마상여였다. 해학을 즐긴 자는 동방삭東方朔과 매고枚皋였다. 맞이해 접대한 자는 엄조嚴助와 주매신朱買臣이었다. 역수曆數를 잘 아는 자들은 당도唐都와 낙하굉落下閎이었다. 음률을 잘 맞춘 자는 이연년李延年이었다. 계산을 잘한 자는 상홍양桑弘羊이었다. 사신으로 잘 받든 자는 장건張騫과 소무蘇武였다. 장군으로는 위청衛靑과 곽거병霍去病이었다. 무제의 유조遺詔를 잘 받든 사람은 곽광霍光과 김일제金日磾였다. 그 나머지는 이루 다 기록할 수 없다. 이 때문에 공업功業이 조성되고 제도로써 문물을 남겼으나 후세에는 이에 미치는 자가 없었다.

효선황제가 대통을 계승해 무제의 큰 업적을 이어받아 또한 육예六藝를 강론하고 빼어난 인재들을 불러 뽑았다. 소망지蕭望之와 양구하梁丘賀, 하후승夏侯勝, 위현성韋玄成, 엄팽조嚴彭祖, 윤경시尹更始는 유학儒學으로서 등용되었다. 유향劉向, 왕포王褒는 문장文章으로 지위를 얻었다. 장상將相으로는 장안세張安世, 조충국趙充國,

위상魏相, 병길邴吉, 우정국于定國, 두연년杜延年이다. 백성들을 잘
다스린 관료로는 황패黃霸, 왕성王成, 공수龔遂, 정홍鄭弘, 소신신
邵信臣, 한연수韓延壽, 윤옹귀尹翁歸, 조광한趙廣漢 무리이다. 모두
가 뛰어난 치적이 있어 뒤에 기술되었다. 명신名臣을 드러내 헤아
리면 (선제 때가) 또한 (무제) 다음이다."

儒雅則公孫弘董仲舒兒寬 篤行則石建石慶 質直則汲黯卜式 推賢則韓
安國鄭當時 定令則趙禹張湯 文章則司馬遷相如 滑稽則東方朔枚皋
應對則嚴助朱買臣 曆數則唐都落下閎 協律則李延年 運籌則桑弘羊
奉使則張騫蘇武 將帥則衛青霍去病 受遺則霍光金日磾 其餘不可勝紀
是以興造功業 制度遺文 後世莫及 孝宣承統 纂脩洪業 亦講論六蓺 招
選茂異 而蕭望之梁丘賀夏侯勝韋玄成嚴彭祖尹更始以儒術進 劉向王
褒以文章顯 將相則張安世趙充國魏相邴吉于定國杜延年 治民則黃霸
王成龔遂鄭弘邵信臣韓延壽尹翁歸趙廣漢之屬 皆有功迹見述於後 累
其名臣 亦其次也

색은술찬 사마정이 펼쳐서 밝히다.

평진후는 거유巨儒로 만년에야 비로소 대우받았다. 밖으로는 너그럽고
검소하게 보였으나 안으로는 시기와 질투를 품었다. 총애받아 영예로운
작위를 갖추고 몸소 폐부肺腑가 되었다. 주보언은 추은령으로 무제를 설
득하고 살펴서 때에 맞춰 제도를 설치했다. 살아서는 오정五鼎에 먹었지
만 죽어서는 때맞춰 묻히지도 못했구나!①

平津巨儒 晩年始遇 外示寬儉 內懷嫉妬 寵備榮爵 身受肺腑 主父推恩 觀時設
度 生食五鼎 死非時蠹①

① 死非時蠹사비시두

사기 제113권 史記卷一百一十三

남월열전 南越列傳

신주 남월이 최초로 역사서에 등장한 것은 진시황 33년(서기전 214)이다. 진시황은 부랑자 등을 모아 육량陸梁을 공략하여 남해南海, 계림桂林, 상군象郡 등 세 군을 설치하여 통치하기 시작한다. 그 위치는 남령산맥南領山脈을 기준으로 그 남쪽이라서 통상 영남嶺南이라 부른다. 주수朱水가 그 가운데를 흘러 이른바 화남華南평야를 이루며, 오늘날 광동성, 광서성, 해남성, 홍콩을 포함한다.

남월 왕국(서기전 204~서기전 111)은 초대 왕 조타趙佗부터 조건덕趙建德까지 모두 5명의 왕이 있어 93년 동안 나라를 다스린 독립왕국이었다. 초한楚漢쟁패시대에 남해군 위尉 출신 조타가 계림과 상군까지 합쳐 남월국을 세우고 번우番禺에 도읍을 정했다. 한나라 고조는 통일 후에 육가陸賈를 파견하여 회유했는데 고조 11년(서기전 196)에 남월국은 한나라에 신속臣屬했다. 무제 원정元鼎 4년(서기전 113), 남월 승상 여가呂嘉가 난을 일으켜 왕 조흥趙興을 죽이고 조건덕을 남월왕으로 세웠다. 이 기회에 남월을 합치기로 한 무제의 야망에 힘입어, 원정 5년에 전쟁을 일으켜 원정元鼎 6년(서기전 111) 겨울에 남월국을 멸하고 한나라에 합쳤다.

그 후 한나라는 그 남쪽까지 영토를 확장하여 교주交州를 설치하고 총

7개 군을 관리하게 한다. 삼국시대 오나라는 교주를 나누어 북쪽에 광주廣州를 설치하니, 그 중심이 곧 번우이며 오늘날까지 그 이름이 남아 있다. 이 지역은 오늘날까지 중국 중심부와 언어 등이 같지 않으며, 일부에서는 분리를 주장하고 있기도 하다. 남월 왕국은 해상교류가 활발해 해상실크로드 형성의 토대를 마련했다.

남월왕 조타

남월왕南越王^① 위관 조타趙佗^②는 진정眞定^③ 사람이며 성은 조씨趙氏이다.

진秦나라가 이때 이미 천하를 병합한 후, 양월楊越^④을 침략해 평정하고 계림桂林^⑤과 남해南海와 상군象郡^⑥을 설치했다. 이에 죄를 지은^⑦ 백성을 옮겨서 월越나라 사람들과 섞여서 13년간을 살게 했다.^⑧

南越王^①尉佗^②者 眞定^③人也 姓趙氏 秦時已并天下 略定楊越^④ 置桂林^⑤南海象郡^⑥ 以謫^⑦徙民 與越雜處十三歲^⑧

① 南越王남월왕

정의 광주廣州 남해현南海縣에 도읍했다.

都廣州南海縣

② 尉佗위타

색은 위타尉他이다. 위尉는 관직이고 타他는 이름이다. 성은 조趙이다. 他의 발음은 '다[徒河反]'이다. 또《십삼주기》에는 "대군大郡은 수守라 하고, 소군小郡은 위尉라 한다."라고 했다.

尉他 尉 官也 他 名也 姓趙 他音徒河反 又十三州記云 大郡曰守 小郡曰尉

③ 眞定진정

색은 위소가 말했다. "옛 군郡 이름이고 뒤에 다시 현縣이 되었으며 상산常山에 있다."

韋昭曰 故郡名 後更爲縣 在常山

④ 楊越양월

집해 장안이 말했다. "양주楊州의 남월南越이다."

張晏曰 楊州之南越也

색은 살펴보니 《전국책》에는 "오기吳起가 초나라를 위해 양월楊越을 거두었다."라고 했다.

案 戰國策云 吳起爲楚收楊越

정의 하우夏禹의 구주九州는 본래 양주楊州에 속했다. 그러므로 양월이라고 일렀다.

夏禹九州本屬楊州 故云楊越

⑤ 桂林계림

색은 살펴보니 〈지리지〉에는 무제가 이름을 울림鬱林으로 고쳤다.

按 地理志 武帝更名鬱林

⑥ 南海象郡남해상군

색은 살펴보니 〈본기本紀〉에는 진시황 33년에 육량陸梁 땅을 빼앗아 남해, 계림, 상군象郡을 만들었다. 〈지리지〉에는 "무제가 이름을 일남日南으로 고쳤다."라고 했다.

案 本紀始皇三十三年略陸梁地 以爲南海桂林象郡 地理志云 武帝更名日南

⑦ 謫적

색은 謫의 발음은 '적[直革反]'이다.

音直革反

신주 적謫은 죄를 지어 견책받은 자들이다.

⑧ 與越雜處十三歲여월잡처십삼세

집해 서광이 말했다. "진秦나라에서 천하를 겸병한 것이 이세二世황제의 원년에 이르면 13년이다. 천하를 겸병한 8년에 월越 땅을 평정하고 이세황제의 원년에 이르기까지는 6년일 뿐이다."

徐廣曰 秦并天下 至二世元年十三年 并天下八歲 乃平越地 至二世元年六年耳

위타尉佗는 진秦나라 때 남해南海 용천龍川 현령縣令①으로 임명되었다. 진秦나라 이세황제 때에 이르러 남해군의 위尉②인 임효任囂③가 병이 들어 장차 죽음에 임박하자, 용천 현령인 조타趙佗를 불러서 말했다.

"듣자니 진승陳勝 등이 난亂을 일으켰다고 하오. 진秦나라는 무도한 짓을 해 천하가 고통스러워하자, 항우項羽, 유계劉季, 진승陳勝, 오광吳廣 등이 주군州郡에서 각각 군사를 일으켜 군중들을

취합하고, 호랑이가 고기를 다투듯이 천하를 다투니 중국이 혼
란에 빠져 안정될 바를 모르겠고, 호걸들은 진나라를 배반해 서
로 대립하고 있소. 남해군은 벽지이고 멀지만 나는 도적의 군사
들이 땅을 빼앗고 이곳까지 이를까 두렵소. 나는 군사를 일으켜
새로운 길을 차단하고④ 스스로 방비해 제후들의 변화를 기다리
고자 하는데 때마침 병이 심하오. 또 반우番禺⑤는 험한 산을 등
지고 남해군에 막혀 있어 동쪽과 서쪽이 수천 리나 되오. 자못
중국 사람들이 서로 돕는다면 이곳 또한 한 주州의 주인이 되어
국가를 세울 만한 곳이오. 군郡 안의 높은 관리들과는 족히 상의
할 사람이 없었기 때문에 그대를 불러서 알리는 것이오."

佗 秦時用爲南海龍川令① 至二世時 南海尉②任囂③病且死 召龍川令趙
佗語曰 聞陳勝等作亂 秦爲無道 天下苦之 項羽劉季陳勝吳廣等州郡
各共興軍聚衆 虎爭天下 中國擾亂 未知所安 豪傑畔秦相立 南海僻遠
吾恐盜兵侵地至此 吾欲興兵絶新道④ 自備 待諸侯變 會病甚 且番禺⑤
負山險 阻南海 東西數千里 頗有中國人相輔 此亦一州之主也 可以立
國 郡中長吏無足與言者 故召公告之

① 南海龍川令남해용천령

색은 〈지리지〉에서 용천龍川은 현 이름이고 남해에 속한다고 했다.
地理志縣名 屬南海也

정의 안사고가 말했다. "용천龍川은 남해현이다. 곧 지금의 순주循州
이다." 배씨의 《광주기》에 "본래 박라현博羅縣의 동쪽 향鄕이고 용이 있
어 땅을 파고 나오자 곧 구멍에서 샘이 흘러 이에 따라서 호칭으로 삼은

것이다."라고 했다.

顏師古云 龍川南海縣也 即今之循州也 裴氏廣州記云 本博羅縣之東鄕 有龍穿

地而出 即穴流泉 因以爲號也

② 尉위

[집해] 서광이 말했다. "이때는 도위都尉를 말하기 전이다."

徐廣曰 爾時未言都尉也

③ 囂효

[색은] 囂의 발음은 '오[五刀反]'이다.

五刀反

④ 絶新道절신도

[색은] 살펴보니 소림은 "진秦나라에 월越의 도로를 통하게 한 것이다."
라고 했다.

案 蘇林云 秦所通越道

⑤ 番禺번우

[신주] 진나라가 멸망하고 조타가 왕으로 자립하여 남월을 건국하고 번
우를 나라 도읍지로 삼았는데, 한무제 때 한군漢軍이 번우를 공격하여
남월을 멸망시켰다. 지금의 광주시廣州市 번우구番禺區이다.

곧 조타에게 편지를 써서 주어[1] 남해군 위尉의 일을 행하게 했다.[2] 임효가 죽자 조타는 곧 격문을 돌려서 횡포橫浦[3]와 양산陽山[4]과 황계湟谿[5]의 각 관문에 알렸다.

"도적의 군사가 장차 이르려고 한다. 급히 길을 차단하고 군사들을 모아 스스로 지켜라."

이로 인해 점점 법으로 진秦나라에서 세운 장리長吏들을 처형하고 자신의 무리를 임시 군수[6]로 삼았다. 진나라가 이미 부서져 멸망하자 조타는 즉시 계림과 상군을 아울러 공격하고 스스로 왕에 올라 남월무왕南越武王[7]이 되었다. 고제高帝가 이윽고 천하를 평정하고서 중국이 (전란으로) 피로하다고 생각했다. 이 때문에 조타를 놓아주고 주벌하지 않았다.

即被佗書[1] 行南海尉事[2] 囂死 佗即移檄告橫浦[3]陽山[4]湟谿[5]關曰 盜兵且至 急絶道聚兵自守 因稍以法誅秦所置長吏 以其黨爲假守[6] 秦已破滅 佗即擊幷桂林象郡 自立爲南越武王[7] 高帝已定天下 爲中國勞苦 故釋佗弗誅

① 被佗書피타서

집해 위소가 말했다. "편지를 그에게 써서 주는 것이다. 被의 발음은 '광피光被'의 '피被'이다."

韋昭曰 被之以書 音光被之被

색은 위소가 말했다. "편지를 그에게 써서 주는 것이다." 被의 발음은 '피[皮義反]'이다.

韋昭云 被之以書 音皮義反

② 行南海尉事행남해위사

[색은] 복건이 말했다. "임효任囂가 거짓으로 조서를 만들어 남해南海위尉의 임무를 맡게 한 것이다."

服虔云 囂詐作詔書 使爲南海尉

③ 橫蒲횡포

[색은] 살펴보니 《남강기》에는 "남야현南野縣 대유령大庾嶺 30리의 횡포에 이르면 진秦나라 때의 관關이 있는데, 그 아래에 '새상塞上'을 만들었다고 이른다."라고 했다.

案 南康記云 南野縣大庾嶺三十里至橫浦 有秦時關 其下謂爲塞上

④ 陽山양산

[색은] 요씨가 살펴보니 〈지리지〉에는 게양揭陽에 양산현陽山縣이 있다고 했다. 지금 이 현의 상류上流 100여 리에 기전령騎田嶺이 있는데, 이곳이 양산관陽山關에 해당한다.

姚氏案 地理志云揭陽有陽山縣 今此縣上流百餘里有騎田嶺 當是陽山關

⑤ 湟谿황계

[집해] 서광이 말했다. "계양桂陽에 있고 사회四會로 통한다."

徐廣曰 在桂陽 通四會也

[색은] 열계涅谿이다. 추탄생이나 유씨의 본本에는 나란히 '열涅' 자로 되어 있고 涅의 발음은 '열[年結反]'이다. 《한서》에는 '황계湟谿'로 되어 있고 湟의 발음은 '황皇'이다. 또 〈위청열전〉과 〈남월열전〉에 "출계양出桂陽 하황수下湟水이다."라고 한 것이 이것이다. 요찰姚察이 말했다. 《사기》에

는 '열涅' 자로 되어 있으며 지금의 본本에는 '황湟' 자로 되어 있으니 열
涅과 황湟은 동일하지 않은 것으로 진실로 들은 것을 따라 말미암는다면
번번이 고쳤기 때문일 것이라고 했다. 《수경》에는 함회현含匯縣 남쪽에
회포관匯蒲關이 있는데, 누가 옳은지 알지 못하겠다고 했다. 그러나 추탄
생본에는 '열涅'로 되어 있고 《한서》에는 '황湟'으로 되어 있으니 아마도
고자古字에 가까울 것이다.

涅谿 鄒氏劉氏本竝作涅 音年結反 漢書作湟谿 音皇 又〔衞青傳〕〔南粵傳〕云
出桂陽 下湟水是也 而姚察云 史記作涅 今本作湟 涅及湟不同 良由隨聞則輒
改故也 水經云 含匯縣南有匯浦關 未知孰是 然鄒誕作涅 漢書作湟 蓋近於古

⑥ 假守가수

[색은] 살펴보니 위타는 그가 친히 당黨을 세워 군이나 현의 직분, 혹은
임시 태수로 삼은 것을 이르는 것이다.

案 謂他立其所親黨爲郡縣之職或假守

신주 가수假守는 임시 태수이다.

⑦ 南越武王남월무왕

[집해] 위소가 말했다. "살아서 '무武'를 호칭으로 삼은 것은 옛것에서
헤아려보지 않은 것이다."

韋昭曰 生以武爲號 不稽於古也

한나라 11년, 육가陸賈를 보내 종전대로 조타를 세워 남월왕으로 삼아 부절符節을 나눠 사신과 통하게 하고, 백월百越과 화합해서 아울러 남쪽 변방의 우환이나 피해가 없도록 했으며, 장사長沙와 국경을 접하게 했다.

고후高后 때 유사有司가 남월南越의 관문시장①에서 철기교역鐵器交易을 금지하라고 주청하자 위타가 말했다.

"고제高帝께서는 나를 세워 왕으로 삼고 사신과 기물을 교통하게 했소. 지금 고후高后께서 참소하는 신하의 말을 듣고 특별히 오랑캐로 분류해 기물을 단절하니, 이것은 반드시 장사왕長沙王②의 계책일 것이오. 그는 중국에 의지해서 남월을 공격해 멸망시켜 병탄하고 왕이 되어서 자기의 공로로 삼고자 하는 것이오."

이에 위타는 자신을 높여서 남월무제南越武帝라고 하고, 군사를 발동해서 장사 변방의 읍을 공격해 여러 현縣을 무너뜨리고 돌아갔다.

漢十一年 遣陸賈因立佗爲南越王 與剖符通使 和集百越 毋爲南邊患害 與長沙接境 高后時 有司請禁南越關市①鐵器 佗曰 高帝立我 通使物 今高后聽讒臣 別異蠻夷 隔絶器物 此必長沙王②計也 欲倚中國 擊滅南越而并王之 自爲功也 於是佗乃自尊號爲南越武帝 發兵攻長沙邊邑 敗數縣而去焉

① 關市관시

신주 중국 고대 교통요지에 설치했던 시장으로 후래後來로 오면서 변경에 설치하여 이민족, 또는 외국과 교역하는 시장이 되었다. 《국어》〈제어〉에는 '關市幾(稽)而不征'(관시를 헤아려서 세금을 징수치 않음)이라고 했고, 《주례》〈천관-구부〉에는 '關市之賦'(관시의 세금을 부과함)라고 했다. 《수호지진간》〈진율〉에도 '關市律'(관시법)이라고 한 것으로 보아 관문에서의 교역에 일정한 규율이 있었던 것 같다. 한나라에서도 흉노匈奴와 남월南越 등의 관문에 관시를 설치하고 운용했다. 위의 내용으로 보아 관시를 열어 이민족과 화해하거나 통제하는 수단으로 이용했음을 알 수 있다.

② 長沙王장사왕

신주 장사왕은 장사공왕 오우吳右(서기전 186~서기전 178)이며 초대 장사왕 오예吳芮의 증손이다.

고후는 장군 융려후隆慮侯 주조周竈[1]에게 가서 공격하게 했다. 때마침 더위와 습기에 사졸들이 대역병大疫病에 걸려 군사들이 양산령陽山嶺[2]을 넘지 못했다. 한 해 남짓 되어 고후가 죽자 곧 군사들을 물리쳤다. 조타는 이로 인해 군사로써 변방을 위협하고 재물을 민월閩越, 서구西甌, 낙駱[3]에 뇌물로 보내서 속국으로 사역하도록 해, 조타의 국가는 동서東西의 거리가 1만여 리나 되었다. 이에 천자가 타는 황옥黃屋 왼쪽에 깃발을 꽂고서 명령을 제制라고 하고 중국과 똑같이 행동했다.

高后遣將軍隆慮侯竈[1]往擊之 會暑濕 士卒大疫 兵不能踰嶺[2] 歲餘 高后崩 卽罷兵 佗因此以兵威邊 財物賂遺閩越西甌駱[3] 役屬焉 東西萬餘里 迺乘黃屋左纛 稱制 與中國侔

① 隆慮侯竈융려후조

[색은] 위소가 말했다. "성姓이 주周이다. 융려隆慮는 현 이름이다. 하내河內에 속한다. 隆慮의 발음은 '임려林閭'이다."

韋昭云 姓周 隆慮 縣名 屬河內 音林閭二音

② 嶺령

[색은] 살펴보니 이 영嶺은 곧 양산령陽山嶺이다.

案 此嶺即陽山嶺

③ 甌駱구락

[집해] 《한서음의》에서 말한다. "낙월駱越이다."

漢書音義曰 駱越也

[색은] 추씨가 말했다. "또 낙월駱越이 있다." 요씨姚氏가 살펴보니《광주기》에는 "교지交阯에는 낙전駱田이 있고 조수潮水를 위와 아래에서 우러르며 사람들이 그의 전답에서 먹고사는데, 이름하여 '낙인駱人'이라고 한다. 낙왕駱王과 낙후駱侯가 있다. 여러 현縣에서는 스스로 '낙장駱將'이라고 이름 붙이고 동인銅印에 청수靑綬를 하니 곧 지금의 현령이나 장장이다. 뒤에 촉왕蜀王의 아들이 군사를 거느리고 낙후를 토벌해 스스로 안양왕安陽王이라고 일컬어 봉계현封溪縣에서 다스렸다. 뒤에 남월왕南越王 위타尉佗가 공격해 안양왕을 깨부수고 2명의 사신을 보내서 교지交阯와 구진九眞 두 군郡의 사람들을 맡아 주관하게 했다."라고 했다. 살펴보니 이 낙駱은 곧 구락甌駱이다.

鄒氏云 又有駱越 姚氏案 廣州記云 交阯有駱田 仰潮水上下 人食其田 名爲駱人 有駱王駱侯 諸縣自名爲駱將 銅印靑綬 即今之令長也 後蜀王子將兵討駱侯

自稱爲安陽王 治封溪縣 後南越王尉他攻破安陽王 令二使典主交阯九眞二郡
人 尋此駱即甌駱也

> 효문제 원년에 처음으로 천하를 진무하면서 제후들과 사방의 오
> 랑캐에게 천자가 代로부터 와서 즉위한 뜻을 알리게 하고 성대
> 한 덕을 깨우치게 했다. 그러고는 진정에 있는 조타 부모의 묘지
> 에 수읍守邑[1]을 두게 하고 해마다 제사를 받들도록 했으며, 그의
> 종형제들을 불러 관직을 높여 주고 후하게 사례하며 그들을 총
> 애했다. 승상 진평陳平 등에게 조서를 내려 남월에 사신으로 보낼
> 만한 자를 천거하게 했는데, 진평은 호치好時[2]의 육가陸賈가 선제
> 先帝 때에 남월에 사신으로 가서 익숙하다고 설명했다. 이에 육가
> 를 불러서 태중대부太中大夫로 삼아 사신으로 보내서, 조타가 스
> 스로 즉위해 제帝가 되었는 데도 지난날 한 번도 사신을 보내 보
> 고하지 않은 것을 꾸짖게 했다.
>
> 及孝文帝元年 初鎭撫天下 使告諸侯四夷從代來卽位意 喩盛德焉 乃
> 爲佗親冢在眞定 置守邑[1] 歲時奉祀 召其從昆弟 尊官厚賜寵之 詔丞相
> 陳平等擧可使南越者 平言好時[2]陸賈 先帝時習使南越 迺召賈以爲太
> 中大夫 往使 因讓佗自立爲帝 曾無一介之使報者

① 守邑수읍

신주 능읍陵邑으로 묘를 지키고 제사를 받드는 데 필요한 인력과 물
자를 공급하기 위해 설치된 읍이다. 진시황제 때부터 능읍을 조성해 제

사를 받들었으며, 한나라도 황제의 능 옆에 능읍을 조성해서 공신이나 관계있는 자를 이주시켜 받들게 했다. 읍의 위치는 통상 능을 중심으로 하여 외곽에 설치했다.

② 好時호치

신주　호치는 현재의 섬서성 건현 동쪽에 고성故城이 남아 있다. 원래 진秦나라 때 옹雍의 동쪽에 있던 제사터로 폐지되었다가 한나라 때 현縣이 설치되면서 현명縣名이 되었다.

> 육가가 남월에 이르자 조타왕이 매우 두려워하고 사죄하는 글을 지어서 해명했다.
>
> "만이蠻夷(남쪽 오랑캐)의 대장로大長老인 노신老臣 조타가 지난날 고후高后께서 남월과 거리를 두고 마음속으로 의심한 것은 장사왕이 신을 헐뜯었기 때문입니다. 또 멀리서 고후께서 나의 종족들을 모두 처벌하고 선인先人의 묘지를 파헤쳐 불태웠다고 들었습니다. 이런 까닭으로 자포자기하고 장사의 변경을 침범했습니다. 또 남방의 땅은 낮고 습한 곳으로 만이들 사이에 있습니다. 그 동쪽의 민월閩越은 겨우 1,000여 명의 무리로 왕王이라고 칭하고, 그 서쪽의 구락甌駱은 나체국①으로 또한 왕이라고 칭합니다. 노신이 망녕되게 몰래 제帝라고 칭한 것은 애오라지 스스로 즐거워서이니 어찌 감히 천왕天王에게 알리겠습니까?"
>
> 이에 머리를 조아리며 사죄하고 길이 번신藩臣이 되어 조공을

바칠 것을 원했다.

이에 나라 안에 포고령을 내려서 말했다.

"나는 들었다. 두 영웅은 함께 서지 못하고 두 어진 이는 세상을 함께하지 못한다고 했다. 황제는 현명한 천자이시다. 지금 이후로는 제제帝制와 황옥黃屋과 좌독左纛[2]을 폐지하겠다."

陸賈至南越 王甚恐 爲書謝 稱曰 蠻夷大長老夫臣佗 前日高后隔異南越 竊疑長沙王讒臣 又遙聞高后盡誅佗宗族 掘燒先人冢 以故自棄 犯長沙邊境 且南方卑濕 蠻夷中閒 其東閩越千人衆號稱王 其西甌駱裸國[1]亦稱王 老臣妄竊帝號 聊以自娛 豈敢以聞天王哉 乃頓首謝 願長爲藩臣 奉貢職 於是乃下令國中曰 吾聞兩雄不俱立 兩賢不竝世 皇帝 賢天子也 自今以後 去帝制黃屋左纛[2]

① 裸國나국

[색은] 나국躶國이다. 裸의 발음은 '화[和寡反]'이다. 나躶는 형체를 드러낸 것이다.

躶國 音和寡反 躶 露形也

[신주] 벌거벗은 나라이며 곧 나체국이다.

② 左纛좌독

[신주] 한漢나라 때, 천자의 수레 왼쪽에 세운 검은색의 야크 꼬리로 장식한 깃발로 황제를 상징한다.

육가가 돌아와서 보고하자 효문제가 크게 기뻐했다. 드디어 효경제 때에 이르러 신臣으로 칭하고 사람을 시켜 조회할 것을 청했다. 그러나 남월은 그 나라 안에서는 몰래 옛날과 같은 명호를 사용하고 천자에게 사신을 보낼 때는 왕이라고 칭해서 제후와 같은 명을 받았다. 무제 건원建元 4년①에 죽었다. 조타②의 손자 호胡가 남월왕이 되었다.

陸賈還報 孝文帝大說 遂至孝景時 稱臣 使人朝請 然南越其居國竊如故號名 其使天子 稱王朝命如諸侯 至建元四年①卒 佗②孫胡爲南越王

① 建元四年건원사년

신주 서기전 137년이다.

② 佗타

집해 서광이 말했다. "황보밀은 월왕越王 조타趙佗는 건원建元 4년에 죽었다고 했다. 이때는 한나라가 일어난 지 70년이고 조타는 아마도 100세였을 것이다."

徐廣曰 皇甫謐曰越王趙佗以建元四年卒 爾時漢興七十年 佗蓋百歲矣

이때 민월왕閩越王 영郢[1]이 군사를 일으켜 남월의 변방읍을 공격하자 호胡가 사람을 보내 글을 올렸다.

"양월兩越이 함께 번신藩臣이 되어 멋대로 군사를 일으켜 서로를 공격할 수 없습니다. 그런데 지금 민월이 군사를 일으켜 신의 나라를 침범했습니다. 신은 감히 군사를 일으키지 않겠으니 오직 천자께서 조서를 내려 주십시오."

이에 천자가 남월南越이 의가 많고 직분의 약속을 지키는 것으로 여겨 군사를 일으켜 두 장군[2]에게 가서 민월을 토벌하게 했다. 군사들이 국경인 재(령嶺)를 넘기 전에 민월왕의 아우 여선餘善이 영郢을 죽이고 항복하자 이에 군사들을 중지시켰다.

此時閩越王郢[1]興兵擊南越邊邑 胡使人上書曰 兩越俱爲藩臣 毋得擅興兵相攻擊 今閩越興兵侵臣 臣不敢興兵 唯天子詔之 於是天子多南越義 守職約 爲興師 遣兩將軍[2]往討閩越 兵未踰嶺 閩越王弟餘善殺郢 以降 於是罷兵

① 閩越王郢민월왕영

신주 성姓은 추씨騶氏이고 민월왕 무제無諸의 아들이다. 〈동월열전東越列傳〉에 나온다.

② 兩將軍양장군

색은 왕회王恢와 한안국韓安國이다.

王恢韓安國

천자가 장조莊助[①]에게 남월南越로 가서 (자신의) 뜻을 전해 남월왕을 깨우치게 하자 남월왕 조호趙胡[②]가 머리를 조아리며 말했다.

"천자께서는 신臣을 위해 군사를 일으켜 민월을 토벌하셨으니 죽어서도 덕을 갚을 길이 없습니다."

태자 영제嬰齊[③]를 보내 한나라로 들어가 숙위宿衛를 서게 하고 장조에게 말했다.

"나라가 얼마 전[④] 도적의 해를 입었으니, 사자께서는 돌아가십시오. 나도 바야흐로 밤낮으로 행장을 꾸리고 들어가 천자를 뵙겠습니다."

天子使莊助[①]往諭意南越王 胡[②]頓首曰 天子乃爲臣興兵討閩越 死無以報德 遣太子嬰齊[③]入宿衛 謂助曰 國新[④]被寇 使者行矣 胡方日夜裝入見天子

---

① 莊助장조

신주 《한서》에는 '엄조嚴助'로 되어 있다.

② 胡호

신주 조타의 손자 조말趙眛을 가리킨다. 남월南越의 제2대 군주로 서기전 125년부터 서기전 113년까지 재위했다. 일명 조호趙胡라고도 한다. 시호는 문왕文王으로 자칭 문제文帝라고 했다.

③ 嬰齊영제

신주 남월의 제3대 군주로 서기전 125년부터 서기전 113년까지 재위했다. 남월의 제2대 군주 조말(조호)의 아들이며 시호는 '남월명왕南越明王'이다.

④ 新신

신주 불구이전不久以前을 나타낸다. 즉 '얼마 전', '최근'이라는 뜻이다.

장조가 떠난 뒤 그의 대신이 조호趙胡에게 간언했다.

"한나라에서 군사를 일으켜 민월왕 영을 처단하고 나서 또한 (사자를) 보낸 것은 남월을 놀라게 함으로써 동요시키려는 것입니다. 또 선왕先王①의 옛 말씀에 '천자를 섬기는 기간에는 예를 잃지 않아야 한다.'라고 하셨습니다. 요컨대 (사자의) 듣기 좋은 말에 설득당해 입조하여 천자를 뵐② 수는 없습니다. 입조하여 뵙게 된다면 다시 돌아올 수 없어 나라를 잃는 형세가 될 것입니다."

이에 조호趙胡는 병을 핑계 대고 마침내 조회에 들어가지 않았다. 10여 년 뒤에 조호는 실제로 병이 심해 태자 영제를 돌려보내도록 청했다. 조호가 죽자 문왕文王이라고 시호했다.

助去後 其大臣諫胡曰 漢興兵誅郢 亦行以驚動南越 且先王①昔言 事天
子期無失禮 要之不可以說好語入見② 入見則不得復歸 亡國之勢也 於
是胡稱病 竟不入見 後十餘歲 胡實病甚 太子嬰齊請歸 胡薨 諡爲文王

① 先王선왕

신주 조호의 조부 조타趙佗를 가리킨다. 조타는 남월국을 건국하고
무왕 또는 무제로 호칭했다. 재위 기간이 불명확한데, 서기전 207년부터
서기전 137년까지 재위했다는 설이 있다.

② 說好語入見열호어입현

색은 열호어입현悅好語入見이다. 열悅은 《한서》에는 '출怵'로 되어 있
다. 위소가 일렀다. "듣기 좋은 말로 유혹하는 것이다."

悅好語入見 悅 漢書作怵 韋昭云 誘怵好語

영제가 대를 이어 즉위하자 곧바로 선제先帝인 무제武帝가 쓰던
옥새를 감추었다.① 영제는 그가 들어가 숙위를 서며 장안에 있을
때 한단 규씨樛氏의 딸②에게 장가들어 아들 조흥趙興③을 낳았
다. 즉위하자 글을 올려 규씨의 딸을 세워 후后로 삼고 조흥趙興
을 후사로 삼고 싶다고 청했다.

嬰齊代立 卽藏其先武帝璽① 嬰齊其入宿衞在長安時 取邯鄲樛氏女②
生子興③ 及卽位 上書請立樛氏女爲后 興爲嗣

① 藏其先武帝璽장기선무제새

[색은] 이기가 말했다. "그의 참람한 호칭을 제거한 것이다."

李奇云 去其僭號

② 樛氏女규씨녀

[색은] 규씨樛氏의 딸이다. 樛의 발음은 '규[紀虯反]'이다. 규樛의 성姓은 한단邯鄲에서 나왔다.

樛氏女 樛 紀虯反 樛姓出邯鄲

③ 興흥

[집해] 서광이 말했다. "다른 판본에 '전典'으로 되어 있다."

徐廣曰 一作典

신주 남월의 4대 군주로 서기전 113년부터 서기전 112년까지 재위했다. 3대 군주 조영제의 장남으로, 규왕후樛王后의 소생이다.

> 한나라에서 자주 사신을 보내 영제를 넌지시 타일렀으나① 영제는 향락을 즐기고 살생을 멋대로 하며 스스로 방자해져서 한나라에 입조入朝해 천자를 알현하면 한나라 법을 적용할 것을 요구받아 국내의 제후들과 비교되는 것을 두렵게 여겨서 거듭 병을 핑계 대며 끝내 조회에 들어가지 않았다. 그리고 아들 차공次公②을 보내서 숙위를 서게 했다. 영제가 죽자 시호를 명왕明王이라고 했다. 태자인 조흥趙興이 이어 옹립되고 그의 어머니는 태후太后가 되었다.

태후는 영제의 희姬가 되지 않았을 때 일찍이 패릉霸陵 사람 안국
소계安國少季[3]와 간통을 했었다.

漢數使使者風諭嬰齊[1] 嬰齊尙樂擅殺生自恣 懼入見要用漢法 比內諸
侯 固稱病 遂不入見 遣子次公[2]入宿衛 嬰齊薨 謚爲明王 太子興代立
其母爲太后 太后自未爲嬰齊姬時 嘗與霸陵人安國少季[3]通

① 使使者風諭嬰齊사사자풍유영제

신주 한무제가 여러 차례 사자를 남월로 파견해서 넌지시 타이르게
한 것은 조영제趙嬰齊에게 장안으로 입조해 알현하도록 한 것이다.

② 次公차공

신주 남월의 3대 군주 조영제와 규왕후 사이의 작은 아들로, 4대 군주
조흥趙興과는 동복제同腹弟이며 5대 군주 조건덕趙建德과는 이복형異腹兄
이다.

③ 安國少季안국소계

색은 안국安國은 성姓이다. 소계少季는 이름이다.

安國 姓也 少季名也

영제가 죽은 뒤 무제 원정元鼎 4년에 한나라는 안국소계를 보내 남월왕을 타일러 왕태후와 함께 입조하게 하고, 나라 안의 제후들과 동등하게 대우하도록 했다. 또 말을 잘하는 간대부諫大夫 종군終軍[1] 등을 시켜 그의 말을 전달케 하고 용사勇士인 위신魏臣 등에게 그의 부족한 것[2]을 보충하게 하고 위위衛尉 노박덕路博德[3]에게 군사를 이끌고 계양에 주둔해 사신을 기다리게 했다.

及嬰齊薨後 元鼎四年 漢使安國少季往諭王王太后以入朝 比內諸侯 令辯士諫大夫終軍[1]等宣其辭 勇士魏臣等輔其缺[2] 衛尉路博德[3]將兵 屯桂陽 待使者

① 終軍종군

신주 종군(서기전 133~서기전 112)은 자字가 자운子雲이고 제남의 역성 사람이다. 박문강기博聞强記와 능언能言, 문필文筆에 뛰어났다.

② 缺결

집해 서광이 말했다. "다른 판본에는 '결決'로 되어 있다."
徐廣曰 一作決

③ 路博德노박덕

신주 노박덕(?~?)은 서하西河 평주平州 사람으로, 원수 4년(서기전 119), 곽거병을 따라 흉노를 정벌할 때, 전공을 세워 부리후符离侯가 되었고, 원정 6년(서기전 111), 남월을 정벌할 때 공을 세워 봉읍封邑을 더했으나 태초 원년(서기전 104)에 법에 저촉되어 작위가 박탈되었다. 태초 3년, 강노도위强

弩都尉로 임명되어 거연택居延澤에서 새塞를 수축修築하다가 사망했다.

왕은 나이가 어리고 태후는 중원 사람이었다. 일찍이 안국소계와 함께 사통하는 사이였는데, 그가 사신으로 오자 이에 다시 사통하였다.

나라 사람들이 자못 이 일을 알고 있어 대부분 태후를 따르지 않았다. 태후는 난이 일어날 것을 두려워하고 또 한나라 위엄에 의지하고자 했다. 그래서 자주 왕과 군신에게 한나라에 귀속할 것을 권유하자, 곧 이에 따라 사자를 보내 글을 올려 내국의 제후와 동등하게 3년에 한 번씩 조회할 것과 변방의 관문을 없애 줄 것을 청원했다. 이에 천자는 허락하고 남월의 승상인 여가呂嘉[①]에게 은인銀印을, 내사內史와 중위中尉와 태부太傅에게는 인장을 하사하고 그 나머지는 (남월에서) 스스로 관리를 둘 수 있게 했다. 또 남월에서 행하던 이전의 경형黥刑과 의형劓刑[②]을 없애고 한나라 법을 적용하며 내국의 제후와 동등하게 했다. 사신들은 모두 머물러 남월을 진무하고, 남월왕과 왕태후는 행장을 꾸리고 귀중한 재물을 포장해서 입조할 준비를 했다.

王年少 太后中國人也 嘗與安國少季通 其使復私焉 國人頗知之 多不附太后 太后恐亂起 亦欲倚漢威 數勸王及群臣求內屬 卽因使者上書 請比內諸侯 三歲一朝 除邊關 於是天子許之 賜其丞相呂嘉[①]銀印 及內史中尉大傅印 餘得自置 除其故黥劓刑[②] 用漢法 比內諸侯 使者皆留塡撫之 王王太后飭治行裝重齎 爲入朝具

① 呂嘉여가

신주 여가呂嘉(?~서기전 110)는 남월의 승상으로, 조말, 조영제, 조흥, 조건덕의 4대에 걸쳐 왕을 보좌한 신하이다.

② 黥劓刑경의형

신주 경黥은 이마에 문신을 해서 죄인임을 나타내게 하는 형벌이며, 의劓는 코를 베는 형벌로 중국의 고대 5형 중의 하나다.

남월의 재상 여가는 나이가 많았다. 재상으로서 세 왕을 모셨고 종족 중 높은 관직에 있는 자들만 70여 명이나 있었다. 사내들은 모두 왕의 딸들과 결혼했고, 딸들은 모두 왕자의 형제나 왕의 종친들에게 시집갔다. 그리고 창오蒼梧의 진왕秦王①과도 친척으로 혼인 관계에 있었다. 그의 처한 지위가 나라 안에서 매우 중요해 월나라 사람들은 그를 믿고 귀와 눈이 되려는 자가 많았다. 그래서 민중의 마음을 얻은 것이 왕보다 나았다.

왕이 한나라에 글을 올리려고 하자 수차 왕에게 그만둘 것을 간했으나 왕은 듣지 않았다. 이에 (여가는) 모반할 마음을 가지고 자주 병을 핑계 대며 한나라 사신을 만나지 않았다. 한나라 사신들은 모두 여가를 주의 깊게 살폈으나 기세 때문에 처단할 수 없었다.

其相呂嘉年長矣 相三王 宗族官仕爲長吏者七十餘人 男盡尙王女 女盡嫁王子兄弟宗室 及蒼梧秦王①有連 其居國中甚重 越人信之 多爲耳

目者 得衆心愈於王 王之上書 數諫止王 王弗聽 有畔心 數稱病不見漢
使者 使者皆注意嘉 勢未能誅

① 蒼梧秦王창오진왕

[집해] 《한서음의》에서 말한다. "창오蒼梧의 월越나라 안의 왕으로, 스
스로 이름해 진왕秦王이라고 하고, 혼인으로 친척이 되었다."

漢書音義曰 蒼梧越中王 自名爲秦王 連親婚也

[색은] 살펴보니 창오蒼梧의 월越나라 안에서 왕이 스스로 진왕秦王이라
고 이름 붙였는데, 곧 아래의 조광趙光이 이것이다. 그러므로 '유련有連'
이라고 일렀다. 연連은 연인連姻이다. 조趙와 진秦은 동성同姓이다. 그러
므로 진왕秦王이라고 일컫은 것이다.

案 蒼梧越中王自名爲秦王 即下趙光是也 故云 有連 連者 連姻也 趙與秦同姓
故稱秦王

남월왕과 왕태후는 또한 여가 등이 먼저 일을 일으킬까 두려워서
이에 술잔치를 열고 한나라 사신들의 권세에 의지하여① 여가 등
을 처단할 것을 모의했다. 사자들은 모두 동향東嚮하고 태후는 남
향南嚮하고 왕은 북향北嚮하고 재상, 여가와 대신들은 모두 서향
西嚮해서 모시고 앉아 술을 마셨다. 여가의 아우는 장수가 되어
군사들을 거느리고 궁 밖에 있었다.

술잔을 돌리면서 태후가 여가에게 "남월南越이 한나라에 귀속하면

나라에 이로울 것인데, 상군相君께서 괴로워하고 불편하게 여기는 것은 무엇 때문입니까?"라고 말하여 한나라 사신들을 격노하게 했다.

王王太后亦恐嘉等先事發 乃置酒 介漢使者權[1] 謀誅嘉等 使者皆東鄉 太后南鄉 王北鄉 相嘉大臣皆西鄉 侍坐飮 嘉弟爲將 將卒居宮外 酒行 太后謂嘉曰 南越內屬 國之利也 而相君苦不便者 何也 以激怒使者

[1] 介漢使者權개한사자권

집해 위소가 말했다. "(한나라) 사신에 의지하는 것을 개주介胄(갑옷과 투구)로 여긴 것이다."

韋昭曰 恃使者爲介胄也

색은 위소가 말했다. "(한나라) 사신에게 의지하는 것을 갑옷과 투구로 여긴 것이다."《지림》에는 "개介는 '인因'(의지하다)이다. (한나라) 사신의 권세에 의지해 여가呂嘉를 죽이려는 것이다."라고 했다. 그러나 두 학자의 설명은 모두 통한다. 위소는 개介를 믿는 것이라고 했다. 개介는 간間이다. 그 틈에서 한나라 사신의 권세에 의지한 것이라고 설명하는 것이 뜻을 곧 터득한 것이다. 시恃를 개주介胄로 여겼다고 이른 것은 곧 그른 것이다. 우희虞喜는 개介를 인因으로 여겼으니, 또한 사리事理적 연유가 있다. 살펴보니 개介는 손님과 주인 간에 사리적 연유가 있는 것이다.

韋昭曰 恃使者爲介胄 志林云 介者因也 欲因使者權誅呂嘉 然二家之說皆通 韋昭以介爲恃 介者閒也 以言閒恃漢使者之權 意即得 云恃爲介胄 則非也 虞喜以介爲因 亦有所由 案 介者 賓主所由也

한나라 사신들은 의심이 많아① 서로 미루다가 끝내 감히 일을 실행하지 못했다. 여가는 시선을 살펴보고 좋지 않다고 여겨 곧바로 일어나 밖으로 나갔다. 태후가 노여워하며 여가를 창으로 찌르고자 했으나② 왕이 태후를 그만두게 했다. 여가가 마침내 나가 그의 아우의 군사를 나누어 그들을 거느리고 집으로 돌아갔다.③ 그리고 병을 핑계 대며 왕과 사신을 만나는 것을 즐겨 하지 않고, 이에 은밀하게 대신들과 반란을 꾀했다. 왕은 평소에 여가를 처단할 뜻이 없었는데, 여가도 이를 알고 있었기 때문에 수개월 동안 난을 일으키지 않았다. 태후는 음란한 행동이 있어 나라 사람들이 따르지 않아 홀로 여가 등을 처단하려 했어도 힘이 또한 그럴 수 없었다.

使者狐疑①相杖 遂莫敢發 嘉見耳目非是 卽起而出 太后怒 欲鏦②嘉以矛 王止太后 嘉遂出 分其弟兵就舍③ 稱病 不肯見王及使者 乃陰與大臣作亂 王素無意誅嘉 嘉知之 以故數月不發 太后有淫行 國人不附 欲獨誅嘉等 力又不能

① 狐疑호의

신주 호의불결狐疑不決을 말한다. 여우는 의심이 많아서 빙하를 건널 때도 귀로 들으면서 건넌다고 한다. 이 때문에 후에 일이 생겼을 때 결정하지 못하고 우물쭈물한다는 뜻으로 쓰였다.

② 欲鏦욕총

집해 위소가 말했다. "총鏦은 당撞(치다)이다."

韋昭曰 鏦 撞也

색은 위소가 말했다. "총鏦은 당撞이다." 살펴보니 《자림》에서 鏦의 발음은 '충[七凶反]'이라고 했다. 또 〈오왕비전〉에는 "총살오왕鏦殺吳王"이라고 했다. 여기와 동일하다.

韋昭云 鏦 撞也 案 字林七凶反 又吳王濞傳 鏦殺吳王 與此同

③ 分其弟兵就舍분기제병취사

색은 아우의 군사를 나누어 관사로 나아갔다. 살펴보니 그의 군사를 나누어 취한 것을 이른다. 《한서》에는 '개介' 자로 되어 있고 개介는 피被이며 시恃이다.

分弟兵就舍 案 謂分取其兵也 漢書作介 介 被也 恃也

천자는 여가呂嘉가 왕의 명을 듣지 않고 또 왕과 왕태후는 허약하고 고립되어 제어할 수 없으며, 사신들은 겁먹고 결단하지 못했다는 소식을 들었다. 또 남월왕과 왕태후가 이미 한나라에 귀부歸附하기로 해 홀로 여가가 난을 일으킨다고 해도 일으키기에는 부족하다고 여겼다. 그래서 장삼莊參에게 군사 2,000명을 주어 사신으로 가게 하려고 하자 장삼이 말했다.

"친선 때문에 간다면 몇 사람으로도 충분합니다. 그러나 무사武事 때문에 간다면 2,000명으로는 부족하다고 생각합니다."

(장삼이) 불가하다고 사양하자 천자가 장삼을 파면했다. 그러자 겹郟①의 장사였던 옛날 제북齊北의 재상 한천추韓千秋②가 분연히

일어나 말했다.

"자그마한 월越나라로서, 또 남월왕과 태후가 응하는데 유독 재상인 여가가 방해하고 있다고 하니, 원하건대 용맹한 군사 200명을 얻게 해주신다면 반드시 여가의 목을 베어 바치겠습니다."

이에 천자는 한천추와 왕태후의 동생 규락樛樂에게 2,000명을 거느리고 가서 월나라 국경으로 쳐들어가게 했다.

天子聞嘉不聽王 王王太后弱孤不能制 使者怯無決 又以爲王王太后已附漢 獨呂嘉爲亂 不足以興兵 欲使莊參以二千人往使 參曰 以好往 數人足矣 以武往 二千人無足以爲也 辭不可 天子罷參也 郟^①壯士故濟北相韓千秋^②奮曰 以區區之越 又有王太后應 獨相呂嘉爲害 願得勇士二百人 必斬嘉以報 於是天子遣千秋與王太后弟樛樂將二千人往 入越境

① 郟겹

[집해] 서광이 말했다. "겹현郟縣은 영천潁川에 속한다. 郟의 발음은 '급[古洽反]'이다."

徐廣曰 縣屬潁川 音古洽反

[색은] 여순이 말했다. "겹郟은 현 이름이고 영천에 있다."

如淳云 郟 縣名 在潁州

[정의] 지금 여주汝州 겹성현郟城縣이다.

今汝州郟城縣

② 千秋천추

[집해] 서광이 말했다. "교위校尉가 되었다."

徐廣曰 爲校尉

여가 등이 이에 반란을 일으키고 나라 안에 영을 내려서 말했다.
"왕은 나이가 어리고 태후는 중원 사람이다. 또 태후는 사자와 문
란紊亂한 행동을 하고, 오로지 한나라에 귀속歸屬되고자 선왕先王
의 보배로운 기물을 모두 가지고 가서 천자에게 바치면서 스스로
아첨하고 있다. 또 많은 사람을 끌고 장안에 이르러 종으로 팔아
한나라 노예로 삼으려 한다. 이는 스스로가 벗어나 한때의 이익
만을 취하고, 조씨의 사직을 돌보면서 만세의 계책을 세우려는 뜻
이 없는 것이다."
이에 그의 아우와 함께 군사를 거느리고 공격해서 남월왕과 태후
와 한나라 사신들을 죽였다. 또 사람을 보내 창오蒼梧의 진왕秦王
과 그의 여러 군현郡縣에 알리고서 명왕明王의 장남長男으로 월나
라 여자가 낳은 술양후術陽侯[1] 건덕建德을 세워서 왕으로 삼았다.
呂嘉等乃遂反 下令國中曰 王年少 太后 中國人也 又與使者亂 專欲內
屬 盡持先王寶器入獻天子以自媚 多從人 行至長安 虜賣以爲僮僕 取
自脫一時之利 無顧趙氏社稷 爲萬世慮計之意 乃與其弟將卒攻殺王太
后及漢使者 遣人告蒼梧秦王及其諸郡縣 立明王長男越妻子術陽侯[1]
建德爲王

---

① 術陽侯술양후

집해 서광이 말했다. "원정元鼎 4년 남월왕의 형 월越을 고창후高昌侯

에 봉했다."

徐廣曰 元鼎四年 以南越王兄越封高昌侯

[색은] 위소가 말했다. "한漢나라에서 봉한 것이다." 〈공신표〉를 살펴보
니 술양術陽은 하비下邳에 속한다.

韋昭云 漢所封 案功臣表 術陽屬下邳

그리하여 한천추의 군사가 남월로 쳐들어가 몇 개의 작은 읍을
격파하자, 그 뒤에 월越나라에서 곧바로 길을 열고 식량을 공급
해 주었다. 그러나 반우番禺에서 40리도 이르기 전에, 월나라는
군사로 한천추 등의 군대를 공격해서 마침내 그들을 전멸시켰다.
또 사람을 시켜 한나라 사신의 부절을 함에 담아서 요새 위에 놓
아두게 하고[1] 듣기 좋은 거짓말을 꾸며 사죄하고 군사를 보내서
요해처를 수비케 했다. 이에 천자가 말했다.

"한천추는 비록 공로를 이룬 것이 없으나 또한 군軍의 가장 선봉
에 있었다."

그의 아들 한연년韓延年을 봉해 성안후成安侯[2]로 삼았다. 규락은
그의 누이가 왕태후가 되어 가장 먼저 한나라에 귀속되기를 바란
것으로 그의 아들 광덕廣德을 봉해 용항후龍亢侯[3]로 삼았다. 이
에 사면령을 내리며 말했다.

"천자가 미약해 제후들은 군사력 증강에만 힘쓰는데도 신하가 역
적을 토벌하지 않는 것을 꾸짖었다.[4] 지금 여가와 건덕 등이 반
란을 일으켜서 스스로 왕위王位에 올라 태연스럽게 하고 있다.

죄수들 및 강수江水와 회수淮水⑤ 이남의 누선⑥ 10만 군사를 보
내서 토벌하게 하라.”

而韓千秋兵入 破數小邑 其後越直開道給食 未至番禺四十里 越以兵
擊千秋等 遂滅之 使人函封漢使者節置塞上① 好爲謾辭謝罪 發兵守要
害處 於是天子曰 韓千秋雖無成功 亦軍鋒之冠 封其子延年爲成安侯②
樛樂 其姊爲王太后 首願屬漢 封其子廣德爲龍亢侯③ 乃下赦曰 天子微
諸侯力政 譏臣不討賊④ 今呂嘉建德等反 自立晏如 令罪人及江淮⑤以
南樓船⑥十萬師往討之

① 函封漢使者節置塞上 함봉한사자절치새상

[색은] 한나라 사신의 부절을 함에 담아서 요새 위에 놓아두게 한 것이
다. 살펴보니 《남강기》에는 대유大庾(큰 창고)를 만들어서 '새상塞上'이라고
이름 붙였다.

函封漢使節置塞上 案 南康記 以爲大庾名塞上也

② 成安侯 성안후

[색은] 〈공신표〉를 살펴보니 성안成安은 겹郟에 속했다.

案功臣表 成安屬郟

③ 龍亢侯 용항후

[색은] 살펴보니 용항龍亢은 초국譙國에 속했다. 《한서》에는 "용후橐侯"
로 되어 있고, 복건은 龍의 발음이 '공꼬'이라고 했고, 진작은 옛날의 '용
龍' 자라고 일렀다.

案 龍亢屬譙國 漢書作襲侯 服虔音卬 晉灼云古龍字

④ 天子微 諸侯力政 譏臣不討賊천자미 제후역정 기신불토적

신주　주 왕실의 권위가 쇠약해지고 제후국들이 서로 힘을 다투었던 춘추春秋시대의 상황을 말한 것이다. 이에 안사고顏師古는 역정力政에 대해 "군사력으로써 서로 경쟁함을 이른다.[謂以兵力相加也]"라고 했고, 또 기신불토적譏臣不討賊은 "춘추의 뜻이다.[春秋之義]"라고 풀이하고 있다.

⑤ 淮회

[집해]　서광이 말했다. "회淮는 다른 판본에 '회匯'로 되어 있다."

徐廣曰 淮 一作匯也

⑥ 樓船누선

[집해]　응소가 말했다. "당시 월越나라를 공격하고자 했는데, 물이 아니면 이르지 못했다. 그러므로 대선大船을 만들고 배 위에 누대를 시설해 놓았다. 그러므로 '누선樓船'이라고 불렀다."

應劭曰 時欲擊越 非水不至 故作大船 船上施樓 故號曰 樓船也

사라진 독립왕국

무제 원정元鼎 5년 가을, 위위衛尉 노박덕路博德을 복파장군伏波將軍으로 삼아 계양桂陽으로 출동시켜 회수匯水[1]로 내려가게 했다. 주작도위 양복楊僕을 누선장군으로 삼아 예장豫章으로 출동시켜 횡포橫浦로 내려가게 했다. 지난날 월나라에서 귀순해 후작이 된 두 사람[2]은 과선장군戈船將軍과 하려장군下厲將軍[3]으로 삼아 영릉零陵으로 출동시켰는데, 한 사람은 이수離水[4]로 내려가게 하고 한 사람은 창오蒼梧에 이르게 했다. 치의후馳義侯[5]를 시켜 파巴와 촉蜀의 죄수들을 이끌고 야랑夜郎[6]에서 군사들을 징발해 장가강牂柯江[7]으로 내려가게 해 모두 반우番禺에 집결하게 했다.

元鼎五年秋 衛尉路博德爲伏波將軍 出桂陽 下匯水[1]主爵都尉楊僕爲樓船將軍 出豫章 下橫浦 故歸義越侯二人[2]爲戈船下厲將軍[3] 出零陵 或下離水[4] 或抵蒼梧 使馳義侯[5]因巴蜀罪人 發夜郎[6]兵 下牂柯江[7]咸會番禺

① 匯水회수

집해 서광이 말했다. "다른 판본에는 '황湟'으로 되어 있다." 살펴보니

〈지리지〉에 계양桂陽에 회수匯水가 있는데 사회四會로 통한다고 했다. 어떤 이는 '회淮' 자로 되어 있다고 했다.

徐廣曰 一作湟 駰案 地理志曰桂陽有匯水 通四會 或作淮字

색은　유씨가 말했다. "회匯는 마땅히 '황湟' 자가 되어야 한다."《한서》에는 '하황수下湟水'라고 되어 있다. 어떤 본本에는 '광洭'으로 되어 있다.

劉氏云 匯當作湟 漢書云 下湟水 或本作洭

② 越侯二人월후이인

집해　장안이 말했다. "옛날에 월越나라 사람이 투항해서 후侯가 된 것이다."

張晏曰 故越人 降爲侯

③ 下厲하려

집해　서광이 말했다. "여厲는 다른 판본에 '뢰瀨' 자로 되어 있다." 살펴보니 장안은 "월나라 사람이 물속에서 남의 배를 지는데 또 교룡이 해를 끼쳤다. 그러므로 배 아래에 창을 두어서 이로 인해 이름으로 삼은 것이다."라고 했다. 응소는 "뇌瀨는 물이 흘러서 위로 건너는 것이다."라고 했다. 신찬은 《오자서서》에는 과선戈船이 있는데 방패나 창을 실어서 이로 인해 '과선戈船'이라고 이른다."라고 했다.

徐廣曰 厲 一作瀨 駰案 張晏曰 越人於水中負人船 又有蛟龍之害 故置戈於船下 因以爲名也 應劭曰 瀨 水流涉上也 瓚曰 伍子胥書有戈船 以載干戈 因謂之戈船也

④ 離水이수

　　집해　 서광이 말했다. "영릉零陵에 있고 광신廣信과 통한다."

徐廣曰 在零陵 通廣信

　　정의　 〈지리지〉에는 영릉현에 이수離水가 있으며 동쪽으로는 광신에 이르러 울림鬱林으로 들어가 980리라고 했다.

地理志云 零陵縣有離水 東至廣信入鬱林 九百八十里

⑤ 馳義侯치의후

　　집해　 서광이 말했다. "월나라 사람이고 이름은 유遺이다."

徐廣曰 越人也 名遺

⑥ 夜郎야랑

　　정의　 곡주曲州와 협주協州의 이남이 야랑국夜郎國이다.

曲州協州以南是夜郎國

⑦ 牂柯江장가강

　　정의　 강수江水는 남쪽의 나라 밖에서 나와 동쪽의 사회四會를 통해서 반우番禺에 이르러 바다로 들어간다.

江出南徼外 東通四會 至番禺入海也

무제 원정 6년 겨울, 누선장군 양복이 정예병을 인솔해 먼저 심섬尋陜[①]을 함락하고 석문石門[②]을 격파했으며 월越나라 배와 곡식을 획득했다. 이러한 추이推移[③]에 따라 전진하며 월나라 예봉을 꺾고 나서 수만 명을 거느리고 복파장군 노박덕을 기다렸다.

복파장군이 죄수의 부대를 인솔했는데, 길이 멀어서 기약한 날짜보다 늦어졌다. 누선장군과 함께 만났을 때는 겨우 1,000여 명 정도 남아 있었는데, 마침내 함께 나아갔다. 누선장군이 앞장서서 반우番禺에 이르니, 건덕과 여가가 모두 성을 사수하고 있었다.

누선장군은 스스로 편리한 곳을 선택해 동남쪽에 진을 쳤고 복파장군은 서북쪽에 진을 쳤다. 때마침 저물어 누선장군이 공격해 월나라 사람들을 무너뜨리고 불을 놓아 성을 불태웠다.

월나라는 평소에 복파장군의 명성을 들었고 날까지 저물어서 그의 병력의 많고 적은 것을 알 길이 없었다. 복파장군은 이에 진영을 만들고 사자를 보내서 항복한 자들을 불러 인수를 주어 다시 놓아 주고 서로 (항복할 자를) 불러오도록 했다.

元鼎六年冬 樓船將軍將精卒先陷尋陜[1] 破石門[2] 得越船粟 因推[3]而前 挫越鋒 以數萬人待伏波 伏波將軍將罪人 道遠 會期後 與樓船會乃有 千餘人 遂俱進 樓船居前 至番禺 建德嘉皆城守 樓船自擇便處 居東南 面 伏波居西北面 會暮 樓船攻敗越人 縱火燒城 越素聞伏波名 日暮 不 知其兵多少 伏波乃爲營 遣使者招降者 賜印 復縱令相招

① 尋陜심섬

색은 요씨姚氏가 말했다. "심섬尋陜은 시흥始興 서쪽 300리에 있고 연구連口에 가깝다."

姚氏云 尋陜在始興西三百里 近連口也

② 石門석문

[색은] 살펴보니《광주기》에는 "반우현番禺縣 북쪽 30리에 있다. 옛날에 여가呂嘉가 한나라를 막아 진강鎭江에 돌을 쌓아 '석문石文'이라고 이름했다. 또 세속에서는 석문수石門水의 이름을 '탐천貪泉'이라고 이름하고 마시면 사람으로 하여금 변화되게 한다고 했다. 그러므로 오은지吳隱之가 석문石門에 이르러 물을 떠서 마시고 이에 노래했다고 하였다."라고 했다.

按 廣州記 在番禺縣北三十里 昔呂嘉拒漢 積石鎭江 名曰石門 又俗云石門水 名曰貪泉 飲之則令人變 故吳隱之至石門 酌水飲 乃爲之歌云也

③ 推추

[신주] '밀어붙인다'라는 의미로, 전쟁에서 승세를 타고 전진하는 상황을 표현했다.

누선장군이 전력全力을 다해 공격하며 적의 성에 불을 놓아, 반대로 몰아서 복파장군의 진영으로 들어가게 하니, 동틀 무렵이 되어① 성안이 모두 복파장군에게 항복하고 말았다.

여가와 건덕은 이미 밤에 그의 소속 부하 수백여 명과 함께 도망쳐 바다로 들어가 배를 타고 서쪽으로 갔다. 복파장군이 또 이에 따라 항복한 귀인을 심문해서 여가가 도망간 곳을 알아내고, 사람을 보내 추격하게 했다. 이런 까닭으로 교위사마校尉司馬 소홍蘇弘은 건덕을 사로잡아 해상후海常侯②에 봉해졌고, 월越나라

낭郎[3]인 도계都稽[4]는 여가를 사로잡아 임채후臨蔡侯[5]에 봉해졌다.

樓船力攻燒敵 反驅而入伏波營中 犁旦[1] 城中皆降伏波 呂嘉建德已夜
與其屬數百人亡入海 以船西去 伏波又因問所得降者貴人 以知呂嘉所
之 遣人追之 以其故校尉司馬蘇弘得建德 封爲海常[2]侯越郎[3]都稽[4]得
嘉 封爲臨蔡[5]侯

① 犁旦여단

집해 서광이 말했다. "여정呂靜은 여犁는 결結이고 犁의 발음은 '래[力
奚反]'이다. 결結은 연급連及이나 체지逮至와 같다.《한서》에 여단犁旦은
'지단遲旦'으로 되었으며 밝기를 기다리는 것을 이르는 것이라고 했다.

徐廣曰 呂靜云犁 結也 音力奚反 結 猶連及逮至也 漢書犁旦爲遲旦 謂待明也

색은 추씨가 말했다. "여犁는 다른 판본에 '비比'로 되어 있으며 比의
발음은 '피[必至反]'이다. 그러나 여犁는 곧 비比의 뜻이다. 또 여犁를 해석
하면 혹黑이고 하늘이 아직 밝기 전이어서 오히려 어두운 때이다."《한
서》에는 또한 '지명遲明'으로 되어 있다. 지遲의 발음은 '치稚'이다. 지遲
는 대待이며 또한 여犁의 뜻이기도 하다.

鄒氏云 犁 一作比 比音必至反 然犁即比義 又解犁 黑也 天未明尙黑時也 漢書
亦作遲明 遲音稚 遲 待也 亦犁之義也

② 海常해상

집해 서광이 말했다. "동래東萊에 있다."

徐廣曰 在東萊

③ 越郎월랑

집해 서광이 말했다. "남월南越의 낭관郎官이다."

徐廣曰 南越之郎官

④ 都稽도계

집해 서광이 말했다. "표表에는 손도孫都라고 하였다."

徐廣曰 表曰孫都

⑤ 臨蔡임채

색은 살펴보니 표表에는 하내河內에 속한다.

案 表屬河內

창오왕蒼梧王 조광趙光은 남월왕과 동성으로, 한나라 군사가 이르렀다는 소문을 듣고 남월 게양揭陽의 현령인 정定①과 함께 스스로 한나라 속국이 되기로 결정했다. 또 남월 계림桂林의 감監인 거옹居翁②은 구구甌와 낙락駱③을 타일러서 한나라에 귀속시켜 모두 제후가 될 수 있었다.④

과선장군戈船將軍, 하려장군下厲將軍의 군사와 치의후馳義侯가 야랑夜郎에서 발동한 군사들이 이르기 전에, 남월을 이미 평정하고 마침내 9개의 군郡⑤으로 만들었다.

복파장군은 봉읍이 더해지고, 누선장군은 전쟁에서 견고한 적을 함락한 공로로 장량후將梁侯가 되었다. 위타尉佗(조타趙佗)가 남월南越의 왕이 된 뒤로부터 5대代를 거쳐 93년 만에 나라가 망했다.

蒼梧王趙光者 越王同姓 聞漢兵至 及越揭陽令定^① 自定屬漢 越桂林監居翁^②諭甌駱^③屬漢皆得爲侯^④ 戈船下厲將軍兵及馳義侯所發夜郎兵 未下 南越已平矣 遂爲九郡^⑤ 伏波將軍益封 樓船將軍兵以陷堅爲將梁侯 自尉佗初王後 五世九十三歲而國亡焉

① 揭陽令定게양령정

[집해] 위소가 말했다. "揭의 발음은 '거[其逝反]'이다."

韋昭曰 揭音其逝反

[색은] 〈지리지〉에는 게양현揭陽縣은 남해에 속한다. 게揭의 발음은 '걸桀'이다. 위소는 揭의 발음은 '거[其逝反]'라고 하고 유씨는 揭의 발음은 '계[求例反]'라고 했다. 정定은 현령의 이름이다. 살펴보니 한나라 〈공신표〉에는 "정定은 게양의 현령이다."라고 했다. 뜻이 또한 나누어졌다.

地理志 揭陽縣屬南海 揭音桀 韋昭音其逝反 劉氏音求例反 定者 令之名也 案 漢功臣表云 定揭陽令 意又別也

② 桂林監居翁계림감거옹

[집해] 《한서음의》에서 말한다. "계림군桂林郡 안의 중감中監이고 성은 거居이고 이름은 옹翁이다."

漢書音義曰 桂林郡中監 姓居名翁也

③ 甌駱구락

색은 《한서》를 살펴보니 구락甌駱의 30여만 명이 한나라에 투항했다.

案漢書 甌駱三十餘萬口降漢

④ 皆得爲侯개득위후

색은 살펴보니 《한서》에는 "광光은 한나라 군사가 이르렀다는 소문
을 듣고 투항해 수도후隨桃侯에 봉해졌다. 게양령揭陽令 사정史定은 안도
후安道侯가 되었고 월越의 장수 필취畢取는 요후膫侯가 되었다. 계림감桂
林監 거옹居翁은 상성후湘城侯가 되었다."라고 했다. 위소가 말했다. "상성
湘城은 도양堵陽에 속한다. 수도隨桃, 안도安道, 요膫 3개 현은 모두 남양
에 속한다. 膫의 발음은 '료遼'이다."

案 漢書云 光聞漢兵至 降 封爲隨桃侯 揭陽令史定爲安道侯 越將畢取爲膫侯
桂林監居翁爲湘城侯 韋昭云 湘城屬堵陽 隨桃安道膫三縣皆屬南陽 膫音遼也

⑤ 九郡구군

집해 서광이 말했다. "담이儋耳, 주애珠崖, 남해南海, 창오蒼梧, 구진九
眞, 울림鬱林, 일남日南, 합포合浦, 교지交阯이다."

徐廣曰 儋耳 珠崖 南海 蒼梧 九眞 鬱林 日南 合浦 交阯

색은 서광은 모두 《한서》에 의거해서 설명하였다.

徐廣皆據漢書爲說

태사공은 말한다.

위타가 왕이 된 것은 본래 임효任囂 때문이었다. 한나라가 비로소 안정되자 반열班列하여 제후가 되었다. 융려후隆慮侯 주조가 습기로 인하여 생긴 전염병에 걸려 군사들이 진격하지 못하자 조타는 더욱 교만해졌다. 구구甌와 낙駱이 서로 공격할 때 남월은 동요했다. 한나라 군사들이 국경에 임하자 영제는 조회에 들어왔다. 그 뒤 나라가 망하였는데 그 징조는 규씨樛氏의 딸로부터 비롯되었다. 여가呂嘉의 작은 충성이 조타로 하여금 후사를 끊게 했다. 누선장군은 욕심만을 따라 게으르고 오만해서 미혹에 빠졌고, 복파장군은 곤궁한데도 지혜와 생각을 더욱 더해서 화를 복으로 만들었다. 그래서 성공과 실패가 뒤바뀌는 것은 꼬여 있는 끈[①]과 같다고 비유한 것이다.

太史公曰尉佗之王 本由任囂 遭漢初定 列爲諸侯 隆慮離濕疫 佗得以益驕 甌駱相攻 南越動搖 漢兵臨境 嬰齊入朝 其後亡國 徵自樛女 呂嘉小忠 令佗無後 樓船從欲 怠傲失惑 伏波困窮 智慮愈殖 因禍爲福 成敗之轉 譬若糾墨[①]

① 糾墨규묵

신주 규묵糾纆과 통한다. 화禍와 복福이 꼬여 있는 끈처럼 서로 얽혀 있는 것을 말한다. 즉 재앙이 있으면 복이 있고, 복이 있으면 재앙도 있음을 비유한 것이다.

색은술찬 사마정이 펼쳐서 밝히다.

중원이 지존 자리를 쫓자 군웅들을 제어할 수 없었다. 한나라 사업은 서쪽으로 치달렸고 월나라는 남쪽 백성에게 권세를 부렸다. 육가가 사신으로 가서 마구 꾸짖자 위타는 칭제稱帝를 버렸다. 규후樛后는 한나라에 입조하고, 여가는 몹시 탐욕을 부렸다. 군신들은 힘을 합치지 못해 마침내 국가를 없애고 버렸구나!

中原鹿走 群雄莫制 漢事西驅 越權南裔 陸賈騁說 尉他去帝 嫪后內朝 呂嘉狼戾 君臣不協 卒從剿棄

> 사기 제114권 동월열전 제54
> 史記卷一百一十四 東越列傳第五十四

신주 동월東越은 동쪽 월越족의 땅이라는 뜻으로, 그 일부가 춘추전국시대 월나라를 세워 일세를 풍미하기도 했는데 그 이야기를 〈월왕구천세가〉에 자세히 기록하고 있다. 동월은 지리적으로 오늘날 절강성 남부와 복건성福建省 그리고 광동성 동부 약간을 포함하는 지역이다. 진秦나라가 통일 후에 민중군閩中郡을 설치했다고 하지만 형식뿐이었고 그들 나름대로 독립된 세력을 이루고 있었다. 한고조 5년(서기전 202)에 민월왕閩越王 무제無諸를 세웠지만, 그 영역은 오늘날 복건성 동부 해안 일부에 불과했다. 혜제 3년(서기전 192)에 민군閩君 요搖를 세워 동해왕東海王으로 삼고 동구東甌에 도읍을 정하니 오늘날 절강성 남부 온주시溫州市이다.

〈동월열전〉에서는 동월을 민월閩越로 특정하고 있다. 무제 원봉元封 원년(서기전 110)에 민월을 멸하고 그곳 사람들을 회수와 강수 사이로 옮겼다. 그 뒤 이곳을 동야東冶라 이름하다가 동성東城으로 개칭했으며, 후한시대에는 후관도위候官都尉로 고쳤다가 삼국시대에는 오吳나라가 건안군建安郡을 설치했다. 하지만 오나라 통치력이 미친 곳은 복건성 동부 일부 해안과 평야지대였으며, 광활한 서부와 남부 산악지대 및 광동성 동부 일대는 민월의 후손인 산월山越의 영역이었고, 오나라는 이들과 치열하게 싸우지만 결정적 승리를 거두지 못한다. 그 뒤 당唐나라 때까지도 민월은 거의 독립적 세력을 이루었다. 그러다가 이후 중국사中國史에 귀속되었다.

민월과 동월

민월왕閩越王① 무제無諸와 월동해왕越東海王 요搖는 그의 선조가
모두 월왕越王 구천句踐의 후예이고 성씨는 추씨騶氏②이다.

진秦나라가 이미 천하를 겸병하여 그들의 군장君長들을 모두 폐
지하고 그 땅을 민중군閩中郡③이라고 했다.

제후들이 진秦나라를 배반하자 무제와 요는 월나라 사람들을 이
끌고 파양현령鄱陽縣令, 오예吳芮에게 귀순했으며, 이른바 파군鄱
君은 제후들을 따라서 진秦나라를 멸망시켰다.

閩越①王無諸及越東海王搖者 其先皆越王句踐之後也 姓騶氏② 秦已
并天下 皆廢爲君長 以其地爲閩中郡③ 及諸侯畔秦 無諸搖率越歸鄱陽
令吳芮 所謂鄱君者也 從諸侯滅秦

① 閩越민월

집해 위소가 말했다. "민閩의 발음은 '먼[武巾反]'이다. 동월東越의 별명
別名이다."

韋昭曰 閩音武巾反 東越之別名

색은 살펴보니 《설문》에는 "민閩은 동월의 사종蛇種이다."라고 했다.

그러므로 글자가 '충虫' 자가 따랐다. 閩의 발음은 '민旻'이다.

案 說文云 閩 東越蛇種也 故字從虫 閩音旻

② 騶氏추씨

집해 서광이 말했다. "추騶는 다른 판본에는 '락駱'으로 되어 있다."

徐廣曰 騶 一作駱

색은 서광은 다른 판본에는 '락駱'으로 되어 있으니 이것은 위에서 '구락歐駱'이라고 일렀으나 성姓은 추騶가 아니라고 했다.

徐廣云 一作駱 是上云歐駱 不姓騶

③ 閩中君민중군

집해 서광이 말했다. "지금 건안建安 후관侯官이 이곳이다."

徐廣曰 今建安侯官是

색은 서광이 말했다. "본래 건안 후관이 이곳이다." 살펴보니 민주閩州가 된다. 살펴보니 하문下文에는 "동야東冶에 도읍하다."라고 했으며 위소는 후관에 있다고 여겼다.

徐廣云 本建安侯官是 案 爲閩州 案 下文都東冶 韋昭以爲在侯官

정의 지금의 민주이고 또 고쳐서 복주福州가 되었다.

今閩州又改爲福也

이때를 맞아 항적項籍(항우)이 (제후를) 임명하는 일을 주관하면서 무제와 요는 왕으로 임명하지 않아,① 이 때문에 이들은 초나라에 귀속하지 않았다. 한나라에서 항적을 공격하자 무제와 요는 월나라 사람들을 인솔하고 한나라를 도왔다.

한나라 5년, 무제를 복위시켜 민월왕閩越王으로 삼아 민閩 땅의 옛 땅을 중심으로 왕 노릇을 하게 하고 동야東冶에 도읍하라고 했다.

효혜제 3년, 고제高帝 때 월나라의 공로를 거론하면서 말하기를 "민군閩君 요搖는 공로가 많고 그의 백성이 편안하게 따른다. 이에 요를 세워 동해왕東海王②으로 삼고, 동구東甌③에 도읍하게 하라."고 했다. 세상에서는 동구왕東甌王이라고 불렀다.

當是之時 項籍主命 弗王① 以故不附楚 漢擊項籍 無諸搖率越人佐漢 漢五年 復立無諸爲閩越王 王閩中故地 都東冶 孝惠三年 擧高帝時越功 曰閩君搖功多 其民便附 乃立搖爲東海王② 都東甌③ 世俗號爲東甌王

① 項籍主命 弗王항적주명 불왕

집해 《한서음의》에서 말한다. "호령으로 제후를 임명하는 일을 주관하면서 무제無諸와 요搖 등을 왕으로 삼지 않은 것이다."

漢書音義曰 主號令諸侯 不王無諸搖等

② 東海王동해왕

집해 응소가 말했다. "오군吳郡의 동남쪽 바닷가에 있는 것을 이른 것이다."

應劭曰 在吳郡東南濱海云

③ 東甌동구

집해 서광이 말했다. "지금의 영녕永寧이다."

徐廣曰 今之永寧也

색은 위소가 말했다. "지금의 영녕이다." 요씨가 말했다. "구甌는 물이름이다."《영가기》에서 말한다. "물이 영녕산永寧山에서 나와 30여 리를 흘러 군郡의 성 5리에서 강수江水로 들어간다. 옛날 동구왕東甌王의 도성이 있고 정亭이 있으며 돌을 쌓아 길을 만들어 지금도 존재한다."

韋昭曰 今永寧 姚氏云 甌 水名 永嘉記 水出永寧山 行三十餘里 去郡城五里入
江 昔有東甌王都城 有亭 積石爲道 今猶在也

여러 세대가 지난 효경제 3년[①]에 이르러 오왕吳王 비濞가 반역하고 민월이 따르기를 바랐다. 민월閩越은 따르려고 하지 않아 동구東甌만이 오나라를 따랐다. 오나라가 격파되자 동구는 한나라에서 내건 현상금[②]을 받고 오나라 왕을 단도丹徒에서 살해했다. 이 때문에 모두 주벌誅罰을 면하고 귀국할 수 있었다.

오왕 비의 아들 자구子駒는 민월로 도망쳤다. 그는 동구에서 그의 아버지를 살해한 것을 원망하고 항상 민월을 부추겨서 동구를 공격하게 했다.

後數世 至孝景三年[①] 吳王濞反 欲從閩越 閩越未肯行 獨東甌從吳 及
吳破 東甌受漢購[②] 殺吳王丹徒 以故皆得不誅歸國 吳王子子駒亡走閩
越 怨東甌殺其父 常勸閩越擊東甌

① 孝景三年효경삼년

신주 서기전 154년이다.

② 受漢購구

신주 구購는 현상징구懸賞徵求를 말한다. 즉 사람을 찾는 일 따위에 상을 내건다는 뜻이다. 따라서 동구東甌에서 오왕을 살해함으로써 한나라에서 내건 현상금을 받고 주벌을 면한 것이다.

무제 건원建元 3년에 이르러 민월에서 군사를 일으켜 동구를 포위했다. 동구는 식량이 다하고 궁핍하게 되어 장차 항복해야 하는 상황에 놓이자 이에 사신을 보내 천자에게 위급함을 알렸다. 천자 무제가 태위 전분田蚡①에게 질문하니 전분이 대답했다.

"월나라 사람들이 서로 공격하는 것은 본디 늘 있는 일이며 또 자주 반복합니다. 번거롭게 중원에서 가서 구원하는 것은 족하지 못합니다. 그래서 진秦나라 때부터 버리고 귀속시키지 않았던 것입니다."

이에 중대부 장조莊助②가 전분을 힐난했다.

"특히 힘으로 구제할 수 없고 덕으로 덮을 수 없는 것을 근심해야 합니다. 진실로 능력이 있었다면 무슨 까닭으로 버렸겠습니까. 또 진나라는 함양咸陽까지 통틀어 버렸는데, 어찌 월나라뿐이었겠습니까. 지금 작은 나라가 곤궁해져 천자께 와서 위급함을 알렸는데, 천자께서 구휼하지 않는다면 저들은 마땅히 호소할 곳이 어디있겠습니까. 또 무엇으로 모든 나라를 사랑한다고 하겠습니까."

至建元三年 閩越發兵圍東甌 東甌食盡 困 且降 乃使人告急天子 天子
問太尉田蚡^① 蚡對曰 越人相攻擊 固其常 又數反覆 不足以煩中國往救
也 自秦時棄弗屬 於是中大夫莊助^②詰蚡曰 特患力弗能救 德弗能覆 誠
能 何故棄之 且秦擧咸陽而棄之 何乃越也 今小國以窮困來告急天子
天子弗振 彼當安所告愬 又何以子萬國乎

① 田蚡전분

신주 전분田蚡(?~서기전 131)은 우내사 장릉현長陵縣 사람이다. 연왕 장
도의 외손자이자 효경황후의 동모제同母弟이다. 제조랑諸曹郞, 태위太尉
를 거쳐 승상丞相을 지냈다. 또 효경황후가 황태후로 격상될 때 무안후武
安侯에 봉해졌다.

② 莊助장조

신주 회계군會稽郡 오현吳縣(지금의 강소성 소주시) 사람으로 회계태수會稽
太守, 시중侍中을 지냈다. 《한서》에는 '엄조嚴助'로 되어 있다.

무제가 말했다.

"태위와 같이할 만한 계책이 못 되오. 그러나 내가 처음으로 즉위
했으니 호부虎符^①를 내어 군국에서 군사를 징발하고 싶지 않소."

이에 장조莊助를 보내 부절로써 회계會稽에서 군사들을 징발토록 했다.

회계태수는 거부하며 군사를 징발하지 않으려고 했다. 장조가 이에 사마司馬 1명을 처단하자 주상의 뜻을 깨우쳤다. 마침내 군사를 징발하여 (배를) 띄워 바다를 (건너서) 동구를 구원했는데, 도착하기 전, 민월에서 군사를 이끌고서 떠나갔다. 동구에서는 온 나라를 중국으로 옮길 것을 청하고, 이에 모든 백성을 거느리고 와 강수江水와 회수淮水의 사이[2]에서 거처했다.

上曰 太尉未足與計 吾初即位 不欲出虎符[1]發兵郡國 乃遣莊助以節發兵會稽 會稽太守欲距不爲發兵 助乃斬一司馬 諭意指 遂發兵浮海救東甌 未至 閩越引兵而去 東甌請擧國徙中國 乃悉擧衆來 處江淮之間[2]

① 虎符호부

신주 춘추전국시대부터 사용되었다. 구리로 범의 모양을 본떠 만들어 사용했기 때문에 호부라고 불렀는데, 병력동원을 왕이 총괄하기 위해 만든 징병의 표지이다. 즉 발병할 때는 왕이 좌부左符를 내려보내 우부右符와 맞추어 일치하면 병사를 동원했다.

② 江淮之間강회지간

집해 서광이 말했다. "연표에는 동구왕東甌王 광무후망廣武侯望이 그의 백성 4만여 명을 인솔하고 와서 투항해 여강군廬江郡에서 살게 했다고 하였다."

徐廣曰 年表云東甌王廣武侯望 率其衆四萬餘人來降 家廬江郡

색은 서광은 연표에 의거해 설명했다.

徐廣據年表而爲說

무제 건원 6년에 민월에서 남월南越을 공격했다. 남월은 천자와의 약속을 지켜서 감히 멋대로 군사를 징발해 공격하지 않고 천자에게 알렸다.

무제는 대행大行과 왕회王恢를 예장豫章[1]으로 출동시키고 대농大農과 한안국韓安國을 회계[2]로 출동시키며 모두 장군으로 삼았다. 한나라 군사가 대유령[3]을 넘기도 전에 민월왕 영郢은 군사를 발동하고 요새에 의지해 항거했다. 그의 아우 여선餘善이 재상과 종족들과 상의했다.

"왕께서 멋대로 군사를 동원해 남월왕을 공격하고 주청하지 않았습니다. 이 때문에 천자의 군사가 와서 주벌하려는 것입니다. 지금 한나라 군사가 많고 강해서 지금 곧 다행스럽게 승리한다고 해도 뒤에 더욱 많이 들이닥쳐 끝내 나라를 멸망시키고 나서야 중지할 것입니다. 지금 왕을 죽여서 천자께 사죄하고 나서 천자께서 들어주신다면 진실로 나라가 온전할 것이나, 들어주지 않으신다면 이에 힘써 싸워야 하고 (싸워) 승리하지 못한다면 곧 도피해 바다로 들어갑시다."

모두가 다 "좋습니다."라고 했다.

至建元六年 閩越擊南越 南越守天子約 不敢擅發兵擊而以聞 上遣大行王恢出豫章[1] 大農韓安國出會稽[2] 皆爲將軍 兵未踰嶺[3] 閩越王郢發兵距險 其弟餘善乃與相宗族謀曰 王以擅發兵擊南越 不請 故天子兵來誅 今漢兵衆彊 今卽幸勝之 後來益多 終滅國而止 今殺王以謝天子 天子聽 罷兵 固一國完 不聽 乃力戰 不勝 卽亡入海 皆曰 善

① 豫章예장

신주 군 이름이다. 양주에 속하며 21개 현을 관할했는데, 치소는 남창南昌이었다. 그 성터가 지금의 강서성 남창南昌에 있다.

② 會稽회계

신주 군 이름이다. 양주에 속하며 14개 현을 관할했는데, 치소는 산음山陰이었다. 전한前漢시대 초기에는 오군吳郡이라고도 불렀다. 그 성터가 지금의 절강성 소흥紹興에 있다.

③ 嶺령

신주 대유령大庾嶺을 가리킨다. 새상塞上, 태령臺嶺, 동교東嶠, 매령梅嶺, 유령庾嶺이라고도 하는데, 강서江西와 광동廣東 두 성省의 경계에 위치하여 광동과 강서를 연결하는 교통의 요충지이다. 한고제漢高帝 때 매현梅鋗이 고개 아래에서 주둔했던 것으로 인해 매령이라 불렸고, 또 무제 때 유승庾勝이 이곳에 성을 쌓았다고 해서 유령이라는 이름도 붙여졌다. 현재 강서성江西省 대유현大庾縣의 남쪽에 있다.

곧 왕을 찔러① 죽이고 사신에게 그의 머리를 받들게 하고 대행大行에게 이르니 대행이 말했다.

"(우리가) 오게 된 것은 왕을 주벌하기 위해서였다. 지금 왕의 머리가 이르렀고 죄를 사과했으니 싸우지 않고도 (화근을) 제거한 것이다.② 이로운 것이 이보다 큰 것이 없다."

이에 편의대로 군사를 점검하고 대농大農 한안국의 군대에 알렸다. 그리고 사신에게 왕의 머리를 받들게 하고 역마를 달려 천자에게 보고하자 조서를 내려 두 장군의 군대를 해산하라고 하며 말했다.

"영郢 등은 악의 괴수이나 유독 무제無諸의 손자 요군繇君 추丑③만은 음모를 함께하지 않았다."

이에 낭중장으로 하여금 추丑를 세워서 월요왕越繇王으로 삼게 하고 민월閩越의 선조를 받들어 제사 지내게 했다.

卽鏦①殺王 使使奉其頭致大行 大行曰 所爲來者誅王 今王頭至 謝罪不戰而耘② 利莫大焉 乃以便宜案兵告大農軍 而使使奉王頭馳報天子 詔罷兩將兵 曰 郢等首惡 獨無諸孫繇君丑③不與謀焉 乃使郎中將立丑爲越繇王 奉閩越先祭祀

① 鏦총

색은 　유씨는 또한 鏦의 발음은 '창窗'이라고 했다. 총鏦은 당撞(치다)이다. 劉氏又音窗 鏦 撞也

② 不戰而耘부전이운

집해 　서광이 말했다. "《한서》에는 '운殞'으로 되어 있다. 운耘은 뜻을 마땅히 '운제耘除'에서 취했다. 어떤 이는 말하기를 耘의 발음은 '운[于粉反]'이고 이것은 초나라 사람의 소리가 무거울 따름이라고 했다. '운隕'과 '운耘'은 마땅히 같은 발음이고 다만 글자에 가차假借가 있고 소리에 경중輕重이 있을 것이다."

徐廣曰 漢書作殞 耘義當取耘除 或言耘音于粉反 此楚人聲重耳 隕耘當同音
但字有假借 聲有輕重

[색은] 耘의 발음은 '운云'이고 운耘은 제거이다. 《한서》에는 '운隕' 자로
되어 있고 隕의 발음은 '운[于粉反]'이다.

耘音云 耘 除也 漢書作隕 音于粉反

③ 繇君丑요군추

[색은] 繇의 발음은 '요搖'이고, 읍의 호칭이다. 추丑는 이름이다.

繇音搖 邑號也 丑 名

여선은 이미 영郢을 죽여 위엄이 나라 안에 행해졌으므로 많은
백성이 귀속하자 은밀히 스스로 즉위해 왕이 되려고 했다. 그래
서 요왕은 그의 백성을 바른 도리로 이끄는 데 힘쓸 수가 없었다.
천자가 이러한 사실을 듣고 여선을 다스리려고 다시 군사를 일으
킬 수 없다고 하며 말했다.
"여선은 수차 영과 더불어 반란을 도모하였으나, 그 후 먼저 영을
죽여서 한나라 군대를 수고스럽지 않게 하였다."
이에 따라 여선을 세워 동월왕으로 삼아 요왕과 지위를 나란히
했다.

餘善已殺郢 威行於國 國民多屬 竊自立爲王 繇王不能矯其衆持正 天
子聞之 爲餘善不足復興師 曰 餘善數與郢謀亂 而後首誅郢 師得不勞
因立餘善爲東越王 與繇王竝處

동월의 몰락

무제 원정 5년에 이르러 남월에서 모반했다. 동월왕 여선이 글을 올려 군사 8,000명으로 누선장군을 따라 여가 등을 공격하겠다고 주청했다. 군사들과 게양揭揚[1]에 이르러서는 바다의 풍파가 심하다고 변명하며 나아가지 않고 기회를 엿보며 몰래 남월에 사신을 보냈다. 한나라 군대가 번우番禺를 격파할 때까지도 군사가 이르지 않았다. 이때 누선장군 양복이 사신을 보내 글을 올려 곧바로 군사를 이끌고 동월을 공격하게 해 달라고 요청했다. 무제가 말하기를 "사졸들이 피로하다."하고 허락하지 않았다. 그리고 군사를 중지시키고 여러 교위校尉에게 예장의 매령梅領[2]에서 주둔하며 명령을 기다리라고 했다.

至元鼎五年 南越反 東越王餘善上書 請以卒八千人從樓船將軍擊呂嘉等 兵至揭揚[1] 以海風波爲解 不行 持兩端 陰使南越 及漢破番禺 不至 是時樓船將軍楊僕使使上書 願便引兵擊東越 上曰士卒勞倦 不許 罷兵 令諸校屯豫章梅領[2]待命

① 揭揚게양

신주 한나라 무제가 설치한 현으로 지금의 광동성廣東省 게양시揭揚市
이다.

② 豫章梅領여장매령

집해 서광이 말했다. "회계의 경계에 있다."

徐廣曰 在會稽界

색은 살펴보니 서광은 "회계에 있다."라고 했는데 잘못이다. 지금 살
펴보니 예장의 30리에 매령梅嶺이 있고 홍애산洪崖山 줄기가 있어 마땅히
옛날의 역참으로 통하는 길이다. 이 문장에 '예장매령豫章梅嶺'이라고 이
른 것은 회계가 아니라는 것을 알 수 있게 한다.

案 徐廣云 在會稽 非也 今案 豫章三十里有梅嶺 在洪崖山足 當古驛道 此文云
豫章梅嶺 知非會稽也

정의 《괄지지》에는 "매령은 건화현虔化縣 동북쪽 128리에 있다."라고
했다. 건주虔州는 한나라에서 또한 예장군에 속했다. 두 곳이 자세하지
않다.

括地志云 梅嶺在虔化縣東北百二十八里 虔州漢亦屬豫章郡 二所未詳

무제 원정 6년 가을, 여선餘善은 누선장군(양복)이 토벌할 것을 청했
고 한나라 군사가 국경에 다다라 장차 출동할 것이라는 소문을 들
었다. 이에 마침내 반역하고 군사를 발동해 한나라 군사의 길을 막
았다. 또 장군 추력騶力 등을 호칭해 '탄한장군呑漢將軍'(한나라를 삼
키는 장군)이라고 하고 백사白沙와 무림武林[1]과 함께 매령梅嶺으로

쳐들어가게 해 한나라 교위 3명을 죽였다.

이때 한나라는 대농大農 장성張成 및 옛 산주후山州侯와 치齒[2]에게 군사를 거느리고 진을 치게 했으나, 감히 공격하지 못하고 물러나 안전한 곳으로 피하기만 해 모두 겁 많고 나약하다는 죄에 연루되어 처단되었다.

元鼎六年秋 餘善聞樓船請誅之 漢兵臨境 且往 乃遂反 發兵距漢道 號將軍騶力等 爲吞漢將軍 入白沙武林[1]梅嶺 殺漢三校尉 是時漢使大農張成故山州侯齒[2]將屯 弗敢擊 卻就便處 皆坐畏懦誅

① 白沙武林백사무림

[집해] 서광이 말했다. "예장豫章의 경계에 있다."

徐廣曰 在豫章界

[색은] 서광이 말했다. "예장의 경계에 있다." 살펴보니 지금 예장의 북쪽 200리에 파양鄱陽의 경계와 접해 있어 땅 이름이 백사白沙인데 작은 물이 있어 호수로 들어가 이름을 백사갱白沙阬이라고 한다. 동남쪽 80리에 무양정武陽亭이 있고 정亭의 동남쪽 30리에 땅 이름이 무림武林이다. 이곳의 백사白沙, 무림武林은 지금 민월閩越에 해당하며 경도京道로 들어간다.

徐廣云 在豫章界 案 今豫章北二百里 接鄱陽界 地名白沙 有小水入湖 名曰白沙阬 東南八十里有武陽亭 亭東南三十里地名武林 此白沙武林 今當閩越入京道

② 山州侯齒산주후치

[집해] 서광이 말했다. "성양成陽 공왕共王의 아들이다."

徐廣曰 成陽共王子

여선은 무제武帝(조타趙佗)의 옥새를 새겨 스스로 황제가 되어 그의
백성을 속이고 망녕된 말을 했다.

천자 무제는 횡해장군橫海將軍 한열韓說에게 구장句章①으로 출동
하게 하고 바다에서 배를 타고 동쪽으로 따라가도록 했다.

누선장군 양복은 무림武林으로 출동하게 하고, 중위中尉 왕온서王
溫舒는 매령으로 출동하게 하고, 월후越侯② 두 사람을 과선장군
戈船將軍과 하뢰장군下瀨將軍으로 삼아 약야若邪③와 백사④로 출
동하게 했다.

餘善刻武帝璽自立 詐其民 爲妄言 天子遣橫海將軍韓說出句章① 浮海
從東方往樓船將軍楊僕出武林 中尉王溫舒出梅嶺 越侯②爲戈船下瀨
將軍 出若邪③白沙④

① 句章구장

[색은] 정씨鄭氏는 句의 발음은 '구勾'이고 회계군의 현이라고 했다.

鄭氏音勾 會稽縣也

[정의] 구장의 고성은 월주越州 무현鄮縣 서쪽 100리에 있다. 한漢나라
현이다.

句章故城 在越州鄮縣西一百里 漢縣

② 越侯월후

신주 《남월오주전》에는 과선장군은 정엄鄭嚴이고 하뢰장군은 전갑田甲이라고 했다. 두 사람은 남월 사람으로 한나라에 귀의해서 후侯가 되었다.

③ 若邪약야

색은 살펴보니 요씨는 "지명인데 지금은 빠져 있다."라고 했다.
案 姚氏云 地名 今闕

④ 白沙백사

정의 월주越州에는 약야산若耶山과 약야계若耶溪가 있다. '약若'과 '여如'는 하나이다. 예주預州에 백사산白沙山이 있다. 대개는 이와 같은 것을 따를 것이다. 백사의 동쪽은 옛 민주閩州이다.
越州有若耶山若耶溪 若如一 預州有白沙山 蓋從如此邪 白沙東故閩州

무제 원봉元封 원년 겨울에 모두가 동월로 쳐들어갔다.

동월은 평소 군사를 발동시켜 험한 곳에 의지하여 순북장군徇北將軍을 시켜 무림을 지키게 하고, 누선장군의 군대 안의 여러 교위를 무너뜨리고 장리長吏를 살해했다. 누선장군 (부하 중) 전당錢唐 사람 원종고轅終古[①]는 순북장군을 처단하고 어아후禦兒侯[②]가 되었다. 한나라 군대가 아직 출동하지 않았을 때이다.

월나라에서 연후衍侯였던 오양吳陽은 전부터 한나라에 있었던 까닭으로 한나라는 오양을 월나라에 사신으로 보내서 여선을 타일러 깨우치게 했지만 여선은 그의 말을 듣지 않았다.

횡해장군이 이르러서 먼저 도착하자 월연후越衍侯[3] 오양은 그 자신의 읍에 있는 700여 명으로써 여선을 배반하고 월나라 군사를 한양漢陽에서 공격했다.

元封元年冬 咸入東越 東越素發兵距險 使徇北將軍守武林 敗樓船軍數校尉 殺長吏 樓船將軍率錢唐轅終古[1] 斬徇北將軍 爲禦兒侯[2] 自兵未往 故越衍侯吳陽前在漢 漢使歸諭餘善 餘善弗聽 及橫海將軍先至 越衍侯[3]吳陽以其邑七百人反 攻越軍於漢陽

① 錢唐轅終古전당원종고

정의 전당錢唐은 항주杭州의 현이다. 원轅은 성姓이고 종고終古는 이름이다.

錢唐 杭州縣 轅 姓 終古 名

② 禦兒侯어아후

집해 《한서음의》에서 말한다. "지금의 오남정吳南亭이 이곳이다."

漢書音義曰 今吳南亭是也

정의 '어禦' 자는 지금 '어語'로 되어 있다. 어아향語兒鄕은 소주蘇州 가흥현嘉興縣 남쪽 70리에 있고 임관도臨官道이다.

禦字今作語 語兒鄕 在蘇州嘉興縣南七十里 臨官道也

③ 越衍侯월연후

신주 월나라에서 봉해 연후로 삼았기 때문에 월연후라고 했다.

(그는) 건성후建成侯 오오敖[1]를 따라 그의 군사와 함께 요왕繇王 거고居股에게 나아가 함께 모의했다.

"여선餘善은 악의 두목으로 우리를 겁박해서 지키게 하고 있습니다. 지금 한나라 군사가 이르렀는데 군사가 많고 강력합니다. 도모해서 여선을 죽이고 스스로 (한나라) 장수에게 귀순한다면 어쩌면 요행히 멸망에서 벗어날 수 있을 것입니다."

이에 마침내 함께 여선을 죽이고 그의 무리를 이끌어 횡해장군에게 항복했다. 이런 까닭으로 한나라에서 요왕 거고를 봉해 동성후東成侯로 삼고[2] 1만 호의 식읍을 주고, 건성후建成侯 오오敖를 봉해 개릉후開陵侯[3]로 삼고, 월연후越衍侯 오양吳陽을 봉해 북석후北石侯로 삼고, 횡해장군 한열을 봉해 안도후案道侯로 삼고, 횡해교위橫海校尉 복복福을 봉해 요영후繚嫈侯로 삼았다.[4]

從建成侯敖[1] 與其率 從繇王居股謀曰 餘善首惡 劫守吾屬 今漢兵至 衆彊 計殺餘善 自歸諸將 儻幸得脫 乃遂俱殺餘善 以其衆降橫海將軍 故封繇王居股爲東成侯[2]萬戶 封建成侯敖爲開陵侯[3] 封越衍侯吳陽爲北石侯 封橫海將軍說爲案道侯 封橫海校尉福爲繚嫈侯[4]

① 建成侯敖 건성후오

집해 서광이 말했다. "또한 동월東越의 신하이다."

徐廣曰 亦東越臣

② 繇王居股爲東成侯 요왕거고위동성후

색은 위소가 말했다. "구강九江에 있다."

韋昭曰 在九江

③ 開陵侯개릉후

색은 서광이 말했다. "오敖는 동월東越의 신하이다." 위소가 말했다. "개릉開陵은 임회臨淮에 속한다."

徐廣云 敖 東越臣 韋昭云 開陵屬臨淮

④ 福爲繚嫈侯복위요영후

집해 《한서음의》에서 말한다. "繚嫈의 발음은 '요영遼縈'이다."

漢書音義曰 音遼縈

색은 복건이 말했다. "嫈의 발음은 '영榮'이고 현 이름이다." 유백장劉伯莊이 말했다. "繚의 발음은 '요遼'이고 嫈의 발음은 '영[紆營反]'이다. 성양왕成陽王의 아들이다."

服虔云 嫈音榮 縣名 劉伯莊云 繚音遼 下音紆營反 成陽王子也

복福은 성양공왕成陽共王의 아들이다. 이 때문에 해상후海常侯가 되었는데 법에 저촉되어 후작을 잃었다. 지난날 종군하여 공로가 없었으나 종실인 까닭으로 후작을 받은 것이다. (한나라) 여러 장수도 모두 공로를 이룬 것이 없어 봉작이 없었다.

동월東越의 장수 다군多軍①은 한나라 군사가 이르자 그의 군대를 버리고 한나라에 항복해서 봉해 무석후無錫侯②가 되었다. 이에 천자(무제)가 말했다.

"동월東越은 땅이 협소하고 험한 곳이 많으며, 민월閩越은 사람들이 사나워서 자주 반란이 반복되고 있다."

이에 군리軍吏(군관)에게 조서를 내려 그곳의 백성을 인솔해 강수江水와 회수淮水 사이로 이사시켜 살게 하니 동월 땅은 마침내 텅 비었다.

福者 成陽共王子 故爲海常侯 坐法失侯 舊從軍無功 以宗室故侯 諸將皆無成功 莫封 東越將多軍① 漢兵至 棄其軍降 封爲無錫侯② 於是天子曰東越狹多阻 閩越悍 數反覆 詔軍吏皆將其民徙處江淮間 東越地遂虛

① 多軍다군

[집해] 《한서음의》에는 "다군多軍은 이름이다."라고 했다.

漢書音義曰 多軍 名也

[색은] 이기가 말했다. "다군은 이름이다." 위소가 말했다. "다多는 성姓이고 군軍은 이름이다."

李奇云 多軍 名 韋昭云 多 姓 軍 名也

② 無錫侯무석후

[신주] 무석無錫은 현재 강소성江蘇省 관할의 무석시無錫市가 위치한 곳이다. 지명의 유래는 진나라 때 장군 왕전이 초楚를 공격하여 난릉을 파기한 후 무석산에 군대를 이끌고 주둔한 데에서 무석이라고 불렸다. 또 고월古越 때에는 양계梁溪라고도 했는데, 무석의 서남쪽에 양계하가 흐르고 있었기 때문이다.

태사공은 말한다.

월越이 비록 만이蠻夷지만 그들의 선조는 일찍이 백성에게 어떤 큰 공로가 있었던가? 어찌 그리 오래도록 유지했을까? 여러 세대를 거치면서 항상 군왕君王이 되었고, 구천句踐은 한때 패자霸者로 지칭되기도 했다. 그러나 여선餘善은 대역죄에 이르러 국가를 멸망시키고 백성까지 옮겨지게 했는데, 그 조상의 후예인 요왕繇王 거고居股 등은 오히려 봉해져 1만 호의 제후가 되었다. 이러한 것으로 말미암아 본다면 월나라가 대대로 공작이나 후작이 된 것을 알 수 있다. 그것은 아마도 우禹임금이 남긴 공적 때문이리라.

太史公曰越雖蠻夷 其先豈嘗有大功德於民哉 何其久也 歷數代常爲君王 句踐一稱伯 然餘善至大逆 滅國遷衆 其先苗裔繇王居股等猶尙封爲萬戶侯 由此知越世世爲公侯矣 蓋禹之餘烈也

[색은술찬] 사마정이 펼쳐서 밝히다.

구천의 후예를 곧 무제라 했다. 이미 한나라 총애를 받았지만, 실제로는 진나라 유물로 인해서이다. 추騶와 락駱을 성으로 삼고 민 땅 안에 거처했다. 왕요가 즉위하여 이에 동쪽 모퉁이에 거처했다. 후계자는 부도해서 스스로 서로 호미에 풀 뽑히듯 주벌되었구나!

句踐之裔 是曰無諸 既席漢寵 實因秦餘 騶駱爲姓 閩中是居 王搖之立 爰處東隅 後嗣不道 自相誅鋤

사기 제115권 史記卷 一百一十五

조선열전 朝鮮列傳

┌─────────────────────────────────────┐
│ 사기 제115권 조선열전 제55   │
│ 史記卷一百一十五 朝鮮列傳第五十五   │
└─────────────────────────────────────┘

집해 장안이 말했다. "조선朝鮮에는 습수濕水, 열수洌水, 산수汕水가 있어 세 강[三水]이 합해져서 열수洌水가 되는데 대 낙랑樂浪이나 조선朝鮮은 이곳에서 이름을 취한 것 같다."

張晏曰 朝鮮有濕水洌水汕水 三水合爲洌水 疑樂浪朝鮮取名於此也

색은 살펴보니 朝의 발음은 '조潮'이고 '죠[直驕反]'로도 발음한다. 鮮의 발음은 '선仙'이다. 산수汕水가 있는 옛 이름이다. 汕의 발음은 '산訕'이다.

案 朝音潮 直驕反 鮮音仙 以有汕水 故名也 汕一音訕

신주 《사기》〈조선열전〉은 '위만衛滿조선열전'이다. 사마천은 위만조선 이전의 '기자조선'은 물론 그 이전의 '단군조선'에 대해서도 알고 있다. 기자가 조선으로 망명했다는 기록들을 봤기 때문에 기자가 망명한 조선은 단군조선일 수밖에 없다는 사실을 알고 있었다. 그러나 사마천은 '단군조선'과 '기자조선'에 대해서는 기록하지 않고 '위만조선'에 대해서만 기록했다.

사마천司馬遷은 〈자서自序〉에서 〈조선열전〉을 지은 이유에 대해서 이렇게 말하고 있다.

"연燕나라 태자 단丹이 요동遼東 사이에서 흩어져 어지럽게 되자 만滿은 그 유민을 거두어 해동海東에 취합하고 진번眞藩에 모여 요새를 보호해서 한나라 외신外臣이 되었다. 그래서 〈조선열전〉 제55를 지었다."

이 기사는 사마천이 지은 〈조선열전〉의 성격을 잘 말해준다. 앞서 말한 것처럼 사마천은 기자조선은 물론 단군조선도 알고 있었다. 《사기》〈송미자세가〉는 "於是武王乃封 箕子於朝鮮 而不臣也"라고 하는데, 이 구절에 대해 종래에는 "무왕이 기자를 조선에 봉했으나 신하는 아니었다."라고 해석했지만 《신주사기》는 "이에 무왕은 이전에 조선朝鮮에서 기자를 봉했기에 신하로 삼지 않았다."라고 해석했다. 《상서대전尚書大傳》은 주무왕이 기자를 풀어주자 이를 부끄럽게 여긴 기자가 "조선으로 떠나갔다.[走之朝鮮]"고 기록하였다. 기자가 가서 조선을 세웠다는 것이 아니라 이미 있던 조선으로 갔다는 것이니 그 조선은 단군조선일 수밖에 없다. 그런데 사마천은 '단군조선'은 물론 '기자조선'에 관해서도 서술하지 않았다. 그 이유에 대해서 사마천은 위만이 한나라의 "외신外臣이 되었다."라는 데서 찾았던 것으로 보인다. 단군조선이나 기자조선은 중원왕조에 소속된 국가가 아니었다. 그래서 단군조선과 기자조선은 빼고 〈(위만)조선열전〉만 지은 것이다.

위만은 옛 연燕나라 사람인데, 《사기》나 《한서》는 만滿이라고만 쓰고 위衛라는 씨氏를 쓰지 않았다. 후대의 《후한서》에서 처음 위衛라는 씨가 나타난다. 그래서 북한 학계는 '만조선'이라고만 한다. 한고조 유방의 고향 친구이기도 했던 연왕燕王 노관盧綰(서기전 265~서기전 193)이 한나라에 반기를 들고 흉노로 망명하자, 위만도 1,000여 명의 무리를 모아 추결魋結(북상투, 몽치 모양의 상투이다.)과 만이蠻夷 복장으로 동쪽으로 요동고새를 나와 패수를 건너 조선의 준왕準王에게 귀순했다. 준왕은 위만을 박사博士로 삼고 서쪽 변경의 100리 땅을 주고 지키게 했는데, 위만은 속임수로 준왕을 공격하여 내쫓고 조선의 왕이 되었다. 손자 우거왕右渠王 때 국력이 커지자 입조를 거부하고 진국辰國 등이 한나라로 가는 길을 막았다. 무제는 원봉元封 2년(서기전 109) 섭하涉何를 사신으로 보내 한나라의 신하가 될 것을 요구했으나 우거왕은 거부했다. 섭하는 돌아가는 길에 패수에서 전송하던 비왕裨王 장長을 죽이고 요동고새로 달아났다. 무제가 섭하를 처벌하기는커녕 요동遼東 동부도위東部都尉로 임명하자 분노한 우거왕은 섭하를 습격해 죽였고 이 때문에 조한전쟁朝漢戰爭이 발발하게 되었다. 무제는 원봉 2년 가을 누선장군樓船將軍 양복楊僕에게 수군 7,000명을 주고, 좌장군左將軍 순체荀彘에게 5만 군을 주어 요동에서 우거를 토벌케 했지만, 두 장수는 모두 조선에 패전했다. 무제는 위산衛山을 사신으로 보내 우거를 회유했고 이를 받아들인 우거는 태자와 군사 1만 명을 보냈으나 위산이 무장해제를 요구하는 바람에 강화협상이 결렬되자 무제는 위산을 죽였다. 두 장군의 사이가 벌어지자 무제는 제남태수濟南太守 공손수公孫遂를 보냈는데, 공손수가 누선장군 양복을 체포하고 그 군사를 좌장군 순체에게 합치자 무제는 공손수도 주살하였다.

　좌장군이 두 군사를 합쳐 조선을 공격하자 조선 내부가 분열해서 조선상朝鮮相 노인路人, 상상相 한음韓陰, 니계상尼谿相 참參, 장군將軍 왕협王唊은 모의하여 한나라에 항복하였다. 원봉 3년(서기전 108) 여름 니계상 참이 우거왕을 죽였으나 왕험성은 함락되지 않았고 대신大臣 성사成巳가 다시 항전을 이끌었다. 좌장군은 우거의 아들 장강長降과 노인의 아들 최最에게 성사를 주살하게 하였고, 마침내 왕험성이 함락되고 위만조선은 멸망했다. 이 지역에 한사군을 설치했다고 하지만 《사기》에는 사군의 명칭이 나오지 않고 후대에 편찬된 《한서》에서 처음으로 사군의 명칭인 낙랑樂浪, 진번眞番, 임둔臨屯, 현도玄菟가 나온다.

　조한전쟁의 수수께끼는 이 전쟁을 수행했던 한나라의 관리와 장수들이 모두 비참한 최후를 맞았다는 점에 있다. 위산과 공손수는 사형당했고, 좌장군 순체는 기시棄市되었고, 누선장군 양복도 사형 판결을 받았다가 속전을 내고 서인으로 강등되었다.

　반면 항복한 조선의 대신들은 모두 제후諸侯로 봉해졌다. 참은 홰청후澅淸侯, 한음은 적저후狄苴侯, 왕협은 평주후平州侯, 장강은 기후幾侯, 최는 열양후涅陽侯로 봉해졌다. 5만 7,000명 한나라 대군이 1년 이상 공격했으나 함락하지 못했고 결국 조선의 지배층이 분열함에 위만조선은 자체로 붕괴崩壞되고 말았다. 왕험성은 지금의 대동강 남쪽과 같은 평지가 아니라 험준한 산악을 끼고 축성된 성으로 한나라 대군이 1년 동안 공격해도 무너지지 않았다. 따라서 위만조선의 위치는 지금의 평양을 중심으로 한 북한 서북부가 아니라 만주 서쪽에 있었음을 알 수 있다.

기자조선을 차지한 위만

조선^①왕 만滿은 본래 연燕나라 사람이다.^② 비로소 전성기 연나라 때^③부터 일찍이 진번眞番^④ 조선朝鮮^⑤을 침략해 복속시키고 관리를 두고 장새鄣塞를 쌓았다.^⑥

朝鮮^①王 滿者 故燕人也^② 自始全燕時^③ 嘗略屬眞番^④朝鮮^⑤ 爲置吏 築鄣塞^⑥

① 朝鮮조선

정의 　朝鮮의 발음은 '조선潮仙'이다. 《괄지지》에서 말한다. "고려高驪(고구려) 도읍 평양성平壤城은 본래 한나라 낙랑군 왕험성王險城이고 또 옛날의 조선 땅이라고 한다."

潮仙二音 括地志云 高驪都平壤城 本漢樂浪郡王險城 又古云朝鮮地也

신주 　위에 정의 주석에 나오는 평양이 지금의 북한 평양이 아님은 물론이다. 평양은 고구려의 수도를 뜻하는 보통명사였지 특정 지역을 가리키는 고유명사가 아니다. 그 근거는 《삼국사기》에 여러 평양이 나오는 것에서도 알 수 있다. 《삼국사기》는 고구려 동천왕東川王이 재위 21년(247) 위나라 관구검 침략 이후에 수도 환도성丸都城을 포기하고 평양으로 옮겼다면서 이렇게 설명하고 있다.

"(동천왕) 21년(247) 봄 2월에 왕이 환도성이 전란을 겪어 다시 도읍으로 삼을 수 없다고 해서 평양성平壤城을 쌓고 백성과 종묘宗廟와 사직社稷을 옮겼다. 평양은 본래 선인仙人 왕검王儉의 땅이다. 다른 기록에는 '왕이 되어 왕험王險에 도읍하였다.'라고 하였다.[二十一年 春二月 王以丸都城經亂 不可復都 築平壤城 移民及廟社 平壤者 本仙人王儉之宅也 或云 王之都王險]"

이때 옮긴 평양은 장수왕이 재위 15년(427) 옮긴 평양성과도 다르다. 위에 정의 주석에 나오는 평양은 장수왕 때 옮긴 평양을 뜻하는데 이 평양도 지금의 북한 평양이 아니다.

《구당서》〈고구려열전〉은 "그 나라의 수도는 평양성인데 곧 한나라 낙랑군의 옛 땅이다…동쪽으로 바다를 건너면 신라에 이른다.[其國都於平壤城 卽漢樂浪郡之故地…東渡海至於新羅]"라고 말하고 있다. 《구당서》가 말하는 평양성은 장수왕이 천도한 평양인데, 이것이 지금의 북한 평양이라면 평양에서 동쪽으로 바다를 건너 신라에 도착할 수 없다. 또한《원사元史》〈동녕로東寧路〉조는 이렇게 말하고 있다.

"동녕로는 본래 고구려 평양성인데 또한 장안성이라고도 말한다. 한나라가 조선을 멸망시키고 낙랑군과 현도군을 설치했는데 여기는 낙랑군의 땅이다. 진晉 의해義熙 연간 이후에 그 왕 고련高璉(장수왕)이 처음으로 평양성에 거주했다. 당이 고구려를 정벌해서 평양성을 뿌리 뽑자 그 나라는 동쪽으로 이주했는데, 압록수의 동남쪽 천여 리에 있으며 옛 평양이 아니다. 왕건 때 이르러 평양을 서경으로 삼았다.[東寧路 本高句驪平壤城 亦曰長安城 漢滅朝鮮 置樂浪 玄菟郡 此樂浪地也 晉義熙後 其王高璉始居平壤城 唐征高麗 拔平壤 其國東徙 在鴨綠水之東南千餘里 非平壤之舊 至王建 以平壤為西京]"

이 기사는 장수왕이 천도한 평양성이 지금의 북한 평양이 아님을 말해

주고 있다. 이 역시 만주에 있던 평양인 것이다.

② 王滿者故燕人也왕만자고연인야

[색은] 《한서》를 살펴보니 만滿은 연나라 사람으로 성姓은 위衛인데 조선을 격파하고 스스로 왕이 되었다고 한다.

案漢書 滿 燕人 姓衛 擊破朝鮮而自王之

③ 始全燕時시전연시

[색은] 시전연시始全燕時는 육국 시대에 연나라가 바야흐로 전성한 시기를 이른다.

始全燕時 謂六國燕方全盛之時

[신주] 연나라가 조선을 침략한 것은 〈연소공세가〉와 〈조세가〉를 참고하면, 연나라 소왕昭王(서기전 311년~서기전 279년)의 재위 시기이다.

④ 眞番진번

[집해] 서광이 말했다. "다른 판본에는 '막莫'으로 되어 있다. 요동에는 번한현番汗縣이 있다. 番의 발음은 '반[普寒反]'이다."

徐廣曰 一作莫 遼東有番汗縣 番音普寒反

[색은] 서씨는 〈지리지〉에 의거해서 안 것이다. 番의 발음은 '번潘' 또는 '반盤'이다. 汗의 발음은 '한寒'이다.

徐氏據地理志而知也 番音潘 又音盤 汗音寒

⑤ 朝鮮조선

[색은] 여순이 말했다. "연燕은 일찍이 두 나라(진번과 조선)를 침략해서

연나라 소속으로 만들었다." 응소가 말했다. "현도玄菟는 본래 진번국眞番國이다."

如淳云 燕嘗略二國以屬己也 應劭云 玄菟本眞番國

신주 한사군의 현도군이 본래 진번국이라는 응소의 주석은 확실한 사료적 근거가 없다. 《후한서》〈동이열전 동옥저〉의 주석에는 "개마는 현이름이다. 현도군에 속하는데, 개마대산은 지금의 평양성 서쪽에 있다. 평양은 곧 왕험성이다.[蓋馬 縣名 屬玄菟郡 其山在今平壤城西 平壤即王險城也]"라고 했다. 개마대산을 지금의 개마고원으로 보는 견해도 있는데, 이는 후대에 만들어진 오류가 분명하다. 현재 개마고원은 현재의 평양성 서쪽이 아니라 동북쪽에 있다는 점과 현재의 평양성 서쪽은 바다이고, 왕험성은 지금의 평양이 아니라는 점에서 이를 알 수 있다.

한나라가 위만조선을 멸망시킨 후 그 도읍 자리에 세운 것이 요동군 험독현險瀆縣인데,《한서》〈지리지〉요동군 험독현 주석에서 이렇게 설명하고 있다.

"응소는 '(험독현은) 조선왕 위만의 도읍인데, 강이 험한 데 의거했으므로 험독이라고 했다.'고 말했고, 신찬은 '왕험성은 낙랑군 패수의 동쪽에 있다, 이로부터 이를 험독이라고 했다.'고 말했고,' 안사고는 '신찬의 설이 맞다. 浿의 발음은 '배[普大反]'이다.'라고 말했다.[應劭曰 朝鮮王滿都也 依水險 故曰險瀆 臣瓚曰 王險城在樂浪郡浿水之東 此自是險瀆也 師古曰 瓚說是也 浿音普大反]"

위만조선의 도읍 자리에 세운 험독현이 요동군 소속이라는 점에서 위만조선의 도읍이 지금의 평양이었을 가능성은 없다. 또한 이때의 요동은 현재 요녕성 요하 동쪽을 뜻하는 요동반도 동쪽의 요동이 아니라 하북성 일대이다.

⑥ 築鄣塞축장새

신주　방어할 요소요소에 거점을 설치한 것을 장鄣이라 하고 각 장을 목책과 돌담 등으로 연결한 것을 새塞라고 한다. 즉 연나라와 조나라 등이 북쪽 국경에 쌓은 것은 얼기설기 쌓은 새塞이다. 현재 그 자리에 명明나라가 돌을 다듬어 쌓은 성이 만리장성이다.

진秦나라는 연나라를 멸망시키고 요동 바깥 변경에 속하게 했다. 그러나 한나라가 일어나 그곳이 멀고 지키기가 어렵게 되자 다시 요동①의 옛 새塞를 수리해서 패수浿水②에 이르러 경계로 삼아 연燕나라에 소속시켰다.

연왕 노관盧綰은 한나라를 배반하고 흉노로 들어갔다.③ 만滿도 망명하여④ 1,000여 무리를 모아 북상투에 만이蠻夷 복장으로 동쪽으로 달려가 새를 나가서 패수浿水를 건넜다. 진秦나라 옛 빈터인 상하장上下鄣⑤에 살면서 점차 진번조선의 만이와 옛 연燕나라, 제齊나라에서 망명한 자들을 부리며 예속시키고 왕이 되어⑥ 왕험성王險城에 도읍했다.⑦

秦滅燕 屬遼東外徼 漢興 爲其遠難守 復修遼東①故塞 至浿水②爲界 屬燕 燕王盧綰反 入匈奴③ 滿亡命④ 聚黨千餘人 魋結蠻夷服而東走出塞 渡浿水 居秦故空地上下鄣⑤ 稍役屬眞番朝鮮蠻夷及故燕齊亡命者王之⑥ 都王險⑦

---

① 遼東요동

신주 요동은 한중 고대사의 위치와 강역을 결정짓는 기준점 중의 하나이다. 지금은 요령성 요하遼河를 기준으로 그 동쪽을 요동遼東, 서쪽을 요서遼西라고 하지만 고대의 요동은 위치가 달랐다. 요동의 개념이 크게 혼란스럽게 된 것은 당나라가 고구려를 멸망시킨 후 새로운 행정구역을 설치하지 않고, 요동의 개념에 고구려가 포함되는 것으로 편입시킨 데서 비롯되었다. 고대 요동은 연燕, 진秦, 한漢 때의 요동을 가리킨다. 따라서 진말한초秦末漢初의 요동을 중심으로 살펴보면 이를 알 수 있다.

《사기》〈흉노열전〉과 〈몽염열전〉은 진장성秦長城에 대해 "임조臨洮에서 시작하여 요동에 이른다."라고 하였다. 진장성은 진나라가 중원을 통일한 후 새로 쌓은 것이 아니라 통일 이전에 쌓은 장성이다. 조趙나라 장성, 연燕나라 장성을 보수하고 진장성과 연결한 것이다. 진장성의 동단東端을 요동이라고 했으니 이때 요동의 위치가 어디인지 살펴보면

《진서晉書》〈당빈열전唐彬列傳〉에 "마침내 옛 경계를 개척하니 물리친 땅이 1,000리였다. 진장성의 요새를 다시 수리하였는데 온성溫城(지금의 하남성 초작시焦作市)에서 갈석碣石에 미쳤으며, 산과 계곡을 이어 뻗친 것이 또한 3,000리이다."라고 하였고, 《진서》〈지리지〉의 '평주 낙랑군 수성현遂城縣' 조에 "(수성현은) 진秦나라가 쌓은 장성이 일어난 곳이다."라고 했다. 장성의 동쪽 끝은 갈석과 수성현이니, 갈석과 진晉나라 수성현을 찾으면 만리장성의 동쪽 끝인 요동이 된다. 북위北魏 때의 《위서魏書》〈지형지〉 '평주 요서군 비여현' 조에는 "고죽산사와 갈석碣石이 있다."라고 말해서 북위의 평주 비여현에 갈석이 있다고 말하고 있다.

《수서》〈지리지〉 '기주冀州 북평군' 조에는 이렇게 말하고 있다. "북평군은 옛날에 평주를 설치했다. 다스리는 현은 하나이고, 호수는 2269호이다. 노룡현盧龍縣은 옛날에 북평군을 설치해서 신창현新昌縣과 조선현

의 2개 현을 다스렸다. 북제北齊에서 조선현을 신창현으로 편입시켰고 또한 요서군을 없애고 아울러 그 소속이었던 해양현海陽縣을 비여현肥如縣에 편입시켰다. 개황 6년(586)에 또한 비여현을 없애고 신창현에 편입시켰다가 개황 18년(598)에 이름을 노룡현으로 바꾸었다. 대업(604~616) 초에 북평군을 설치하였다. 장성長城이 있고, 관관關官(관문을 관장하는 기관)이 있고, 임유궁臨渝宮이 있고, 복주산覆舟山이 있고, 갈석碣石이 있다. 현수玄水, 노수盧水, 온수溫水, 윤수閏水, 용선수龍鮮水, 거량수巨梁水가 있고, 바다가 있다.[北平郡 舊置平州 統縣一 戶二千二百六十九 盧龍 舊置北平郡 領新昌 朝鮮二縣 後齊省朝鮮入新昌 又省遼西郡并所領海陽縣入肥如 開皇六年 又省肥如入新昌 十八年改名 盧龍 大業初置北平郡 有長城 有關官 有臨渝宮 有覆舟山 有碣石 有玄水 盧水 溫水 閏水 龍鮮水 巨梁水 有海]"

　장성의 동쪽 끝에 있는 요동, 곧 갈석산이 있던 곳이 북평군 노룡현이다. 《요사》〈지리지〉 '난주灤州 영안군' 조에는 "(노룡)성城은 난하灤河가 둘러싸고 있으며 노룡산은 남쪽에 있다.……부소천扶蘇泉이 있는데…… 진秦나라 태자 부소가 북쪽에서 장성을 쌓고 일찍이 이곳에 머물렀다." 라고 하였다. 부소천은 장성을 쌓은 진나라 태자가 머물렀기 때문에 생긴 이름으로 노룡성은 진장성의 동쪽 끝이라는 것이다. 《대명일통지》 〈영평부〉 '산천' 조에는 부소천에 대해 "난주灤州에 있는데……진秦나라 태자 부소가 북쪽에서 장성을 쌓고 일찍이 이곳에 머물렀다."라고 하였으며 《대명일통지》〈영평부永平府〉 '고적古蹟' 조에는 진장성秦長城에 대해 "영평부성永平府城(노룡현) 북쪽 70리에 있다. 곧 진나라 장군 몽염이 축성한 곳인데 지금 보수한 유지遺址가 있다."라고 하였다. 진나라 만리장성이 지금의 하북성 노룡현 북쪽까지 왔는데, 그곳이 고대의 요동이라는 것이다. 위 사료를 종합해보면, 진말한초의 요동은 현재의 난하 유역인 갈석산 인근이며 또한 진장성의 동단도 같은 지역임을 알 수 있다.

《사기》〈항우본기〉와 〈진초지제월표〉 등에는 항우가 서기전 207년에 진秦나라 마지막 왕인 자영을 죽이고 함양궁을 불태운 다음, 스스로 패왕이 되어 서기전 206년에 진나라를 멸망시키는데 가세한 여러 장수를 왕과 제후로 봉하는 기록이 나온다. 이때 연燕나라를 연국燕國과 요동국遼東國으로 나누어 서기전 206년 2월에 연왕이던 한광韓廣을 요동왕으로 삼아 무종無終(지금의 하북성 당산시 옥전현玉田縣)에 도읍하게 하고, 항우를 따라 함양까지 진군한 연나라 장수 장도臧荼를 연왕으로 삼아 계薊(지금 북경 서남)에 도읍하게 했다. 이후 요동국왕인 한광이 좌천되었다는 생각에 불만을 품자 서기전 206년 8월에 연왕 장도가 한광을 무종에서 죽이고 그 땅을 병합했다. 이후 장도가 연왕으로 있다가 서기전 202년에 한고조 유방이 항우를 죽이고 천하를 평정하자 이에 불복했다. 이에 한고조는 군사로 공격해서 연왕 장도를 사로잡고 동향 친구인 노관盧綰을 연왕으로 봉했다. 그러나 노관이 서기전 196년에 진희陳豨의 봉기에 휘말리면서 반기를 들자 한고조가 번쾌樊噲에게 노관을 치게 하고 다시 강후絳侯 주발周勃을 상국으로 삼아 노관을 공격하게 했다. 노관은 고조의 병이 나으면 조정으로 들어가 사죄하려 하였으나 서기전 195년 4월에 고조가 죽자 흉노로 투항했고, 흉노는 노관을 동호의 노왕으로 삼았다.

그 당시 요동국의 범위는 한나라 때의 우북평군, 요서군, 요동군을 포함하는 지역으로, 현재의 하북성 당산시唐山市, 진황도시秦皇島市 정도로 추정할 수 있다. 지금의 요동과는 아주 다른 지역이다. 《사기》〈번역등관열전〉과 〈강후주발세가〉에 의하면 이때 노관을 토벌하는 일에 나선 번쾌는 계薊의 남쪽에서 승상인 저抵를 격파하고 연나라의 19개 현과 51개 향읍을 평정한 이후 장안長安으로 소환되고, 그 뒤를 이어 강후 주발이 연나라를 계속 공격하여 상곡군 상란上蘭과 저양沮陽에서 노관의 군대를 격파하고 곧장 장성長城까지 추격하여 상곡군 12개 현, 우북평군 16개 현, 요서·요동 군 29개 현, 어양군 22개 현을 평정했다. 이에 대해《한서》는 상곡군 12개 현, 우북평군 16개 현. 요동군 29개 현, 어양군 22개 현을 평정했다고 기록하였다.

강후 주발이 평정한 지역을 살펴보면 연나라 동쪽 강역을 알 수 있다. 《대명일통지》〈영평부〉 '명환한名宦漢' 조에는 "주발이 상국이 되어 노관의 군사를 추격하여 격파하고 장성에 이르러 우북평군 16개 현, 요동 29개 현을 안정시켰다."라고 기록하였다. 곧 영평부 관할구역과 주발이 평정한 현의 숫자가 일치한다. 명明나라 때의 영평부는 치소治所가 지금의 노룡에 있었는데, 현재의 난하灤河를 중심으로 북쪽은 장성, 서쪽은 당산시 일부, 동쪽은 진황도시 전체에 해당한다. 또한 주발이 평정한 상곡군과 어양군은 북경의 북쪽과 동쪽 인근으로 명나라 때의 경사京師 순천부順天府 소관 지역이다. 따라서 한나라 초기의 요동은 현재의 요하遼河 동쪽이 아니다. 강후 주발이 연나라를 공격하자 위협을 느낀 위만衛滿은 무리 1,000여 명과 함께 현재 노룡새나 갈석 인근의 요새로 비정할 수 있는 요동 고새를 떠나 동쪽으로 한漢과 조선朝鮮의 경계인 패수浿水를 건넜다. 그리고 진고공지秦故空地 상하장上下鄣에 머물다가 조선의 준왕準王에게 귀순해서 조선의 서쪽 변경을 하사받았다가 속임수로 준왕을 공격해서 축출하고 조선의 왕이 된 것이다. 따라서 위만조선의 강역은 갈석碣石을 기준으로 동쪽, 곧 현재의 요서 지역에 위치하고 있었음을 알 수 있다.

현 요하遼河 인근 동쪽은 역계경歷谿卿이 망명한 진국辰國이 있었다고 유추할 수 있다. 《삼국지》〈동이전〉 '한韓' 조에는 〈위략魏略〉을 인용해서 "당초 우거가 격파되지 않았을 때(서기전 109년 이전) 조선상相 역계경이 우거에게 간언하였으나 받아들이지 않자 동쪽의 진국辰國으로 갔다. 그 때 따르는 백성들이 2,000호가 넘었으며, 아울러 조선에 조공하는 번국 과는 왕래하지 않았다."라고 기록하였다. 《사기》〈조선열전〉에는 "진번 곁의 여러 나라가 천자(한무제)를 알현하고자 하여도 가로막고 통하지 못 하게 했다."라고 하였고, 《한서》〈조선전〉에는 "진번과 진국이 천자를 알 현하고자 하여도 가로막고 통하지 못하게 했다."라는 기록이 있다. 한나 라를 가려면 서쪽(현 요서 지역)으로 가야 하는데 중간에 위만조선이 막고 있어 가지 못하는 것이다. 따라서 위만조선의 위치를 현재의 평양 중심 의 한반도 서북부로 보는 것은 사료적 근거가 없을 뿐만 아니라 위만조 선과 한나라가 갈등을 겪고 있던 상황과도 전혀 맞지 않는다. 고대의 요 동은 현재의 요동보다 훨씬 서쪽에 있었다는 뜻이다.

② 浿水패수

[집해] 《한서음의》에서 말한다. "浿의 발음은 '배[傍沛反]'이다."

漢書音義曰 浿音傍沛反

[색은] 浿의 발음은 '배[旁沛反]'이다.

浿音旁沛反

[정의] 〈지리지〉에서 말한다. "패수는 요동 새塞 밖에서 나와 서남쪽에 서 낙랑현(원래 증지현) 서쪽에 이르러 바다로 들어간다." 浿의 발음은 '배 [普大反]'이다.

地理志云 浿水出遼東塞外 西南至樂浪縣西入海 浿普大反

신주 패수의 위치는 대단히 중요하다. 고조선과 중국 진한秦漢의 국 경을 비정할 수 있는 기준점 중의 하나이기 때문이다. 《한서》〈지리지〉 는 '패수현'에 대해 "패수는 서쪽에서 증지增地에 이르러 바다로 들어간다.[浿水 水西至增地入海]"라고 되어 있다. 이 기사로 패수를 찾으려면 증지 현을 찾아야 한다. 《사기》보다 이른 시기에 쓴 《수경水經》은 패수에 대해 "패수는 낙랑군 누방현에서 나와 동남쪽으로 임패현을 지나서 동쪽으로 바다로 들어간다.[浿水 出樂浪鏤方縣 東南過臨浿縣 東入于海]"라고 되어 있다. 《수경》에 주석을 단 역도원酈道元의 《수경주水經注》는 위 기사에 대해서 이렇게 설명하고 있다.

"허신許愼은 '패수는 누방현에서 나와 동쪽으로 바다로 들어간다. 한편으로는 패수는 패수현에서 나온다.'라고 했다. 《십삼주지十三州志》에서는 이렇게 말한다. '패수현은 낙랑군 동북쪽에 있고, 누방현은 낙랑군의 동쪽에 있다. 대개 누방현 남쪽에서 나와 누방현을 지난다.' 옛날 연나라 사람 위만이 패수에서 나와 서쪽으로 조선에 이르렀다. 조선은 옛 기자의 나라이다.……전국시대 만滿이 왕이 되어서 왕험성에 도읍했는데 땅이 사방 수천 리였다. 그 손자 우거 때에 이르러 한무제 원봉 2년(서기전 109) 누선장군 양복과 좌장군 순체가 우거를 토벌할 때 우거를 패수에서 격파하고 마침내 멸망시켰다. 만약 패수가 동쪽으로 흐른다면 (위만이) 패수를 건널 이치가 없었을 것이다. 그 땅은 지금 고구려가 다스리는데, 내가 고구려의 사신을 방문하니 그 성은 패수의 북쪽에 있다고 말했다. 그 강이 서쪽으로 흘러서 옛 낙랑군 조선현을 지나는데, 곧 낙랑군의 치소로 한무제가 설치했고 서북쪽으로 흐른다. 그래서 〈지리지〉에서 '패수가 서쪽으로 흘러서 증지현에 이르러 바다로 들어간다.'라고 했다. 또 한나라가 일어선 후 조선을 멀다고 여겨서 요동 고새를 순행해 패수를 경계로 삼았다고 했다. 지금과 옛 사료를 살펴보면 일에 대하여 착오가 있었으니 대체로 《수경》(원문)이 잘못되었다는 증거이다.[許愼云 浿水出鏤方 東入海 一曰出浿水縣 十三州志曰 浿水縣在樂浪東北 鏤方縣在郡東 蓋出其縣南逕鏤方也 昔燕

人衛滿自浿水西至朝鮮 朝鮮 故箕子國也 箕子教民以義 田織信厚 約以八法 而不知禁 遂成 禮俗 戰國時 滿乃王之 都王險城 地方數千里 至其孫右渠 漢武帝元封二年 遣樓船將軍楊僕 左將軍荀彘討右渠 破渠于浿水 遂滅之 若浿水東流 無渡浿之理 其地今高句麗之國治 余訪 番使 言城在浿水之陽 其水西流逕故樂浪朝鮮縣 即樂浪郡治 漢武帝置 而西北流 故地理志 曰 浿水西至增地縣入海 又漢興 以朝鮮爲遠 循遼東故塞至浿水爲界 考之今古 於事差謬 蓋 經誤證也]"

　5세기 때 북위北魏의 인물로 《수경》에 주석을 단 역도원酈道元 (466(472)~527)은 《수경》에서 패수가 동쪽으로 흘러 바다로 들어간다는 주석에 의문을 품고 북위를 방문한 고구려 사신에게 패수의 위치를 물은 결과 평양성이 패수의 북쪽에 있다는 대답을 듣고 패수는 동쪽으로 흐르지 않는다고 생각했다는 것이다. 여기에서 역도원은 장수왕 15년 (427) 천도한 평양성을 기준으로 서기 1세기경 한漢나라 경학자인 허신許 愼이 말한 패수의 위치를 비정하는 오류를 범하고 있다. 패수가 서쪽으로 흐르면 위만은 동쪽으로 패수를 건널 수 없었기 때문에 "만약 패수가 동쪽으로 흐른다면 (위만이) 패수를 건널 이치가 없었을 것이다."라고 말한 것이다. 위만조선과 한나라의 국경이었던 강인 패수는 동쪽으로 흐르는 강이다. 따라서 패수를 압록강, 청천강, 두만강으로 해석해 온 일본인 및 한국인 역사학자들이 위치를 비정한 것은 오류이다. 패수는 동쪽으로 흘러서 바다로 들어가는 하북성이나 만주 일대의 강에서 찾아야 하기 때문이다.

　《수경》 원문이 말하는 패수는 동쪽으로 흘러서 바다로 들어가는 강이다. 이 패수를 지금의 어디라고 정확히 특정하기는 어렵지만 하북성 난하, 요령성 대릉하, 난하와 대릉하 사이의 청룡하, 석하石河 또는 육고하 六股河라는 설들이 있다. 패수가 한반도 내의 강이라는 설은 주로 식민사학자들의 주장인데 압록강설, 청천강설, 대동강설 등이 있다. 북한의 역사학자 리지린은 《고조선연구(1961)》에서 패수는 고유명사가 아닌 보통명사라고 보았다. 패수가 보통명사일 경우 고조선과 연나라, 진나라, 한나라 사이의 국경이 바뀌면 패수의 위치도 바뀌기 때문이다.

③ 燕王盧綰反 入匈奴연왕노관반 입흉노

신주 노관(서기전 256~서기전 194)은 한고조 유방劉邦과 같은 패현沛縣(현 강소성 패현) 사람이자 유방과 같은 날 태어났다. 노관은 유방이 군사를 일으키자 같이 봉기했고 유방이 한나라를 세우자 노관은 장군이 되었다. 항우를 공격할 때 태위太尉가 되고 장안후長安侯에 봉해졌다. 유가劉賈와 함께 임강왕臨江王 공위共尉를 공격해 멸망시켰다. 또 연왕燕王 장도臧荼가 봉기하자 이를 평정한 공으로 연왕이 되어 유씨가 아닌 이성異姓으로 제후가 되었다. 그 후 이성제후를 제거하는 풍조가 일자 양하후陽夏侯 진희陳豨가 스스로 대왕代王이 되어 한漢 왕조에 저항하다가 참살당하자 노관도 불안을 느껴 흉노로 망명했다. 흉노는 노관을 동호노왕東胡盧王으로 삼았고, 그 수하에 있던 위만衛滿은 고조선古朝鮮으로 망명했다. 노관은 흉노 땅에서 죽었다.

④ 命명

정의 명命은 교령敎令을 이른다.

命謂敎令

⑤ 上下鄣상하장

색은 살펴보니 〈지리지〉에는 낙랑군에 운장雲鄣이 있다.

案 地理志樂浪有雲鄣

신주 《한서》〈지리지〉'낙랑군' 조에는 운장이 있고, 낙랑군 산하에는 현이 25개가 있다고 나온다. 그중 낙랑군을 다스리는 현은 조선현朝鮮縣인데, 조선현에 대해서 응소가 "무왕이 기자를 조선에 봉했다.[武王封箕子於朝鮮]"라고 주석했다. 기자가 다스리던 지역에 대해 현재 중국 학계에서는 하북성 노룡현으로 보고 있다. 기자가 다스리던 곳이 현재의 평양이라는 학설은 기자가 세상을 떠난 지 2,400여 년 후인 서기 12세기경에 등장했다.

⑥ 王之왕지

신주 《후한서》와 《삼국지》〈동이전〉'한韓' 조와 《삼국지》에 실린 〈위략魏略〉을 보면 위만에게 왕위를 빼앗긴 인물은 기자조선의 마지막 왕, 기준箕準이다. 《삼국지》〈동이전〉'한' 조는 위만에게 쫓겨 바다로 도주해 한지韓地로 가서 스스로 한왕韓王이라고 칭했다고 한다. 이에 대해 〈위략〉은 "(기준의) 자식과 친족 중에 나라에 남아 있던 자들은 한씨를 성으로 삼았다. 준왕은 바다 가운데에서 조선과 서로 왕래하지 않았다.[其子及親留在國者 因冒姓韓氏 準王海中 不與朝鮮相往來]"라고 달리 말하였다. 현재 남한 강단사학계는 준왕이 도주한 곳을 전북 익산이라고 말하는데, 익산을 바다 가운데라고 볼 수는 없고, 실제로 익산에서 준왕과 관련되는 어떠한 유적이나 유물도 없다. 준왕이 도주한 한지韓地가 어디인가는 아직 정확하지 않다. 대릉하 중류 지역에서 기후방정箕侯方鼎이 발견된 것을 근거로 한지를 추정하는 견해도 있고, 평양 대동강 유역에서 한씨 명문銘文이 발견되는 것을 근거로 평양 유역으로 보는 견해도 있다.

⑦ 都王險도왕험

집해　서광이 말했다. "창려昌黎에 험독현險瀆縣이 있다."

徐廣曰 昌黎有險瀆縣也

색은　위소가 말했다. "옛 읍 이름이다." 서광이 말했다. "창려에 험독현이 있다." 응소의 주석에는 〈지리지〉에 요동군 험독현은 조선왕의 옛 도읍이다."라고 했다. 신찬이 말했다. "왕험성은 낙랑군 패수 동쪽에 있다."

韋昭云 古邑名 徐廣曰 昌黎有險瀆縣 應劭注 地理志遼東險瀆縣 朝鮮王舊都

臣瓚云 王險城 在樂浪郡浿水之東也

신주　위만이 도읍한 왕험성은 한중 고대사의 위치 및 강역을 비정할 수 있는 기준점 중의 하나이다. 집해와 색은은 서광의 말을 인용해 왕험성 위치는 "창려군에 험독현이 있다."라고 말했다. 《한서》 〈지리지〉에는 창려군이 아닌 요동군 소속으로 험독현이 있다고 하였는데, 요동군 험독현에 관한 여러 주석이 달려 있다.

"응소가 말했다. '조선왕 만의 도읍으로, 강물이 험한데 의거했으므로 험독이라고 한다.' 신찬이 말했다. '왕험성은 낙랑군 패수의 동쪽에 있는데 이것은 험독에서 비롯되었다.' 안사고가 말했다. '신찬의 설이 맞다. 浿의 발음은 '배[普大反]'이다.'[應劭曰 朝鮮王滿都也 依水險 故曰 險瀆 臣瓚曰 王險城 在樂浪郡浿水之東 此自是 險瀆也 師古曰 瓚說是也 浿音普大反]"

《사기》와 《한서》에 나오는 여러 주석자의 설명을 정리하면 다음과 같다. 첫째, 2세기 때의 학자 응소는 한나라 때의 요동군 험독현을 위만의 도읍지로 보았다. 둘째, 4세기 때의 학자 서광은 창려에 험독이 있다고 했다. 셋째, 서진西晉 때의 학자 신찬은 낙랑군 패수 동쪽에 왕험성이 있다고 했다. 넷째, 6세기 말~7세기 때 학자 안사고는 신찬의 말에 찬동했다. 위 주석 중 문제가 되는 것은 서광이 창려군에 험독현이 있었다고 말한 것이다. 왜냐하면《한서》〈지리지〉에는 창려군이 없기 때문이다.

그래서 이에 대해 살펴보면《후한서》화제和帝 영원永元 16년 12월 조에 "요동 서부도위관西部都尉官을 다시 설치했다."라는 기사가 있고, 이에 대한 주석에서 "서부도위는 안제安帝 때 속국도위로 삼았는데, 요동군 창려성에 있다.[西部都尉 安帝時以爲屬國都尉 在遼東郡昌黎城也]"라고 했다. 이는 험독현이 요동군에 속해 있다는《한서》〈지리지〉의 내용을 뒷받침해 준다.

그런데《후한서》〈효안제孝安帝〉원초元初 2년 8월 조의 '요동 선비가 무려현無慮縣을 포위하고 또 9월에 부리영夫犁營을 공격했다'라는 기사에 청나라 때 경학자인 혜동惠棟은 요동속국에 창려현이 있는데, 창려가 곧 전한 때의 교려交黎라고 했다. '부夫'자와 '교交'자의 서로 비슷하다는 것을 그 근거로 삼았다.《후한서》〈군국지〉'요동속국遼東屬國' 조의 주석에는 교려는 전한 때는 요서군에 속했고, 후한 때는 요동속국 도위에 속했다고 하였다. 요동속국 산하에 험독현이 있고, 이곳이 위만이 도읍한 왕험성이라는 것이다. 이는 요동군과 요동속국 사이의 관계를 살펴야 이해할 수 있는 문제이다.《후한서》〈군국지〉'요동속국'에 속한 현들을 보면 창료현昌遼縣이 있는데, 주석자들은 창료가 곧 창려昌黎이고 이는 한나라 때 교려현交黎縣으로 요서군에 속했던 현이며, 요동속국 산하의 빈도현賓徒縣과 도하현徒河縣도 요서군에 속한 것으로 말하고 있다. 그러나 의무려산현醫無慮山縣은 한나라 때의 요동군 무려현無慮縣이라고 보았다. 따라서 후한 때 요동속국에 험독현이 있다고 했으니, 요동속국은 한나라 때의 요서군과 요동군의 일부를 떼어 설치한 군郡 단위의 행정구역이었음을 알 수 있다. 그렇다면 위만의 도읍이었던 왕험성은 전한 때 요동군의 소속이었고, 후한 때 요동군과 요서군의 일부를 떼어 설치했던 요동속국의 소속이었을 것이다. 그래서 전한 요동군의 위치와 후한 요동속국의 위치를 찾으면 위만의 도읍지를 비정할 수 있다. 위만의 도읍지가 현재의 평양이라는 주장은 중국 사료의 기본도 이해하지 못한 주장일 뿐이다.

때마침 효혜제와 고후 때 천하가 처음 안정되었다. 요동태수는 곧 위만이 외신外臣이 되기로 약속하면서 새塞 밖의 만이蠻夷를 보호하고 변방에서 도둑질하는 일이 없게 하고 여러 만이의 군장들이 들어와 천자를 뵙고자 하면 막지 않겠다고 했다고 했다. 이를 듣고 주상이 허락했다. 위만은 이로써 군사의 위세와 재물을 얻어 그 곁의 작은 읍들을 침략하고 항복시키니, 진번과 임둔臨屯①이 모두 와서 복속해서 (그 영역이) 사방 수천 리나 되었다.②

會孝惠高后時天下初定 遼東太守卽約滿爲外臣 保塞外蠻夷 無使盜邊 諸蠻夷君長欲入見天子 勿得禁止 以聞 上許之 以故滿得兵威財物侵 降其旁小邑 眞番臨屯①皆來服屬 方數千里②

① 臨屯임둔

색은 동이의 작은 나라로 뒤에 군郡이 되었다.

東夷小國 後以爲郡

신주 《후한서》와 《삼국지》의 〈동이전〉 및 그 주석들을 보면, 임둔이나 진번군 일대는 옛 예穢와 옥저沃沮의 땅이니 임둔과 진번군은 예나 옥저의 일부일 것이다. 당시 예와 옥저는 고구려에 신속臣屬된 제후국이었다. 이때는 고구려의 전신인 북부여北夫餘에 신속했을 것이다. 부여夫餘라는 이름은 이미 중국 역사에서 전국시대 중반부터 등장한다. 임둔을 현재 일본의 식민사학자들과 이를 추종하는 남한의 사학자들은 강원도로 비정比定하고 있다. 그러나 이는 사료적 근거가 전혀 없는 억지일 뿐이다. 《수서隋書》〈양제煬帝 대업大業 8년(612)〉조에는 양제가 고구려를 침공할 때 우右 제3군을 임둔도臨屯道를 거쳐 고구려 수도 평양으로 집결하라고 명령했다. 《신당서》〈오소성열전吳少誠列傳〉에는 "이광안(762~826)을 충무절도사로 삼아 임둔 군사를 거느리게 했다.[李光顏為忠武節度使 總兵臨屯]"라는 기사가 나온다. 임둔이 강원도라면 후기 신라 시기 및 고려 초기에 당나라가 강원도를 영유領有했다는 것이니 가능한 일이 아니다.

1997년 중국에서 동북공정의 일환으로 요녕성 금서시錦西市 연산구連山區에서 고성 터를 발굴하던 중에 임둔태수장臨屯太守章이라고 새긴 봉니封泥가 발견되었다. 금서시는 지금의 호로도시葫蘆島市인데 요녕성 서쪽 끝 지역으로 하북성에 가깝다. 그간 임둔군이 강원도 북부나 함경도 남부라고 비정했는데 강원도나 함경남도에서 출토되었어야 할 임둔태수장 봉니가 요녕성 서쪽에서 발견된 것이다. 이에 대해 한·중·일 사학계는 일제히 침묵하고 있다. 임둔군은 함경도나 강원도에 있을 수 없다.

② 方數千里방수천리

정의 《괄지지》에서 말한다. "조선朝鮮, 고려高驪, 맥貊, 동옥저東沃沮 5개국의 땅이며 동서로는 1,300리, 남북으로는 2,000리이고, 경사京師의 동쪽에 있다. (그 영토는) 동쪽은 대해大海에 이르기까지 400리이고 북쪽은 영주營州 경계까지 920리이다. 남쪽은 신라국에 이르기까지 600리이고, 북쪽은 말갈국靺鞨國에 이르기까지 1,400리이다."
括地志云 朝鮮高驪貊東沃沮五國之地 國東西千三百里 南北二千里 在京師

東 東至大海四百里 北至營州界九百二十里 南至新羅國六百里 北至靺鞨國
千四百里

신주 위에 정의 주석은 당나라 장수절이 《괄지지》를 인용한 것이다.
장수절은 무측천武則天(재위 690~700) 시기의 인물이고, 《괄지지》는 당태
종의 둘째 아들 위왕魏王 이태李泰(620~652)가 편찬한 방대한 역사지리서
이다. 《괄지지》 자체는 현전하지 않기 때문에 여기에서 인용한 《괄지지》
의 내용이 당나라 때 역사적 지리의 인식을 서술했는지 그 이전의 인식
을 서술했는지 알 수 없다. 《괄지지》 편찬 당시에는 신라, 고구려, 백제가
존속하고 있던 시기이다.

　위에 정의 주석은 위만조선의 강역을 설명했고, 5개국이라고 했는데
4개국의 명칭만 있다. 나머지 1국은 예濊일 가능성이 크고 부여夫餘일 가
능성도 있다. 북쪽은 영주와 말갈로 두 번 등장하나 서쪽은 빠져 있으니
모순이다. 이 모순을 풀려면 영주營州 지리를 살펴보아야 한다. 영주에
대해서 중국 학계는 후한 시기 요동반도, 16국 시기 지금의 요서 지역에
있었다고 보고 있다. 그러나 국력이 약화되었던 후한이 현재의 요동반도
까지 진출했을 가능성은 희박하니 지금의 요서 지역으로 보아야 한다.
따라서 북쪽으로 영주가 아니라 '서쪽으로 영주까지[西至營州]'로 수정해
야 할 것이다. 후대에 필사하는 과정에서 잘못되었을 가능성이 크다. 영
주營州는 유성柳城으로 지금의 하북성 창려 일대로 비정된다. 또 그곳은
전한의 요서군 북부와 후한의 요동속국 일대이다. 《한서》와 《후한서》의
지리 기록, 《구당서》와 《신당서》〈지리지〉 및 《통전》의 기록을 살펴보면
영주는 낙랑군의 서쪽이지 북쪽이 될 수는 없다. 위 기사의 남북 2,000
리는 남쪽 신라까지 600리와 북쪽 말갈까지 1,400리를 더한 거리로 해석
된다. 그렇다면 동서 1,300리도 동쪽 대해까지 400리와 서쪽 영주까지

920리를 더한 거리 1,320리를 뜻할 것이다.

'북쪽은 말갈국에 이르기까지 1,400리'라는 기사도 문제이다. 당나라 때의 말갈은 고구려의 제후국이었다. 《구당서》, 《신당서》 등에서는 흑수말갈, 속말말갈, 또는 발해말갈 등의 표현으로 등장하는데, 《괄지지》는 발해 건국(698) 이전에 편찬된 역사적 지리서이므로 고구려의 제후국이었던 말갈국을 지칭했을 가능성이 크다.

'동쪽은 대해大海에 이르기까지 400리'라는 구절도 의문이다. 《사기》를 비롯한 중국 사서史書에서의 대해大海는 주로 발해나 우리의 서해를 의미한다. '남쪽은 신라국에 이르기까지 600리'라는 구절도 의문이다. 이 경우 대륙신라를 생각해볼 수 있다. 《흠정만주원류고》에 따르면 함주咸州(현 요령성 개원지역)의 동쪽에 큰 산이 있는데, 금金나라 사람이 신라산이라 하였고 계곡 깊은 곳은 고려와 접경을 이루고 있다. 그리고 신라의 9주는 동쪽으로 길림吉林, 서쪽으로 광녕廣寧에 이르고 해주海州와 개주蓋州를 지나 넓이가 광대하였다고 하고, 《요사》〈지리지〉에는 해주海州 암연현巖淵縣(현 요령성 영구시營口市 인근)의 동쪽 경계가 신라라고 하였는데, 이는 앞으로 연구가 진척되어야 결론을 내릴 수 있는 문제이다.

강역의 크기도 문제이다. 조선, 고려, 맥, 동옥저 5개국의 땅이라면서 '동서로는 1,300리, 남북으로는 2,000리'라고 했다. 위만조선의 강역을 설명하는 이 5개국의 땅에 '조선'이 들어가 있다. 위만조선과 이 '조선'은 다른 정치적 실체인지 알 수 없다. 이 5개국 중에 동옥저는 《후한서》〈동이열전〉에 나타나는데 그 면적에 대해 "(남북의) 길이를 1,000리로 환산할 수 있다[可折方千里]"라고 하였다. 같은 《후한서》는 고구려의 면적에 대해 "땅은 사방 2,000리이다[地方二千里]"라고 하였다. 조선, 맥과 다른 한 나라의 땅을 빼고도 '동서 1,300리, 남북 2,000리'라는 위만조선의 강역을 크게 넘는다. 또한 위만조선의 강역은 세로로 긴 장방형 국토이다. 이 두 가지 사실을 조합하면 위만조선의 강역은 이들 나라들의 강역을 일부만 차지하고 있었다는 뜻이 될 것이다. 다시 말해서 위만조선은 단군조선의 강역 중, 일부만 차지하고 있었다는 뜻이다.

(왕위를) 아들에게 전하고 손자 우거右渠①에 이르러 한나라 망명인 들을 유인하여 더욱 인구가 불어나자 또 조회에 들어오지 않았 다. 진번 곁의 여러 나라가 글을 올려 천자를 만나보고자 했는데 또 차단하고 통하지 못하도록 했다.

무제 원봉 2년(서기전 109), 한나라는 섭하涉何를 사신으로 보내 우 거를 꾸짖고 타이르게 했는데② 우거는 끝까지 조서를 기꺼이 받 들려고 하지 않았다. 섭하는 떠나면서 국경 부근에 이르러 패수 浿水에 다다르자 (섭하는) 마부를 시켜 섭하를 전송하는③ 조선의 비왕裨王과 장사 장長④을 찔러 죽이고 곧 패수를 건너 요새 안으 로 달려들어 왔다.⑤ 마침내 돌아와 천자에게 보고했다.

"조선의 장수를 죽였습니다."

무제는 그 이름을 아름답다고⑥ 여겨서, 곧 힐책하지 않고 섭하를 요동 동부도위東部都尉⑦에 제수했다. 조선은 섭하를 원망하고 군 사를 일으켜 습격해 죽였다.

傳子至孫右渠① 所誘漢亡人滋多 又未嘗入見 眞番旁衆國欲上書見天 子 又擁閼不通 元封二年 漢使涉何譙諭②右渠 終不肯奉詔 何去至界上 臨浿水 使御刺殺送何者③朝鮮裨王長④ 卽渡 馳入塞⑤ 遂歸報天子曰

殺朝鮮將 上爲其名美⑥ 即不詰 拜何爲遼東東部都尉⑦ 朝鮮怨何 發兵
襲攻殺何

① 右渠우거

정의 그(위만)의 손자 이름이다.

其孫名也

② 譙諭초유

색은 《설문》에는 "초譙는 양讓(꾸짖다)이다."라고 했다. 유諭는 효曉(깨우
치다)이다. 譙의 발음은 '조[才笑反]'이다.

說文云 譙 讓也 諭 曉也 譙音才笑反

③ 送何者송하자

색은 곧 섭하의 수레를 전송한 것이다.

即送何之御也

④ 朝鮮裨王長조선비왕장

정의 안사고가 말했다. "장長은 비왕裨王의 이름이다. 섭하를 보내려
고 패수에 이르자 섭하가 이에 따라 찔러 죽였다." 살펴보니 비왕과 장사
將士 장長이었으니 대체로 안사고의 설명이 그르다.

顏師古云 長者 裨王名也 送何至浿水 何因刺殺也 按 裨王及將士長 恐顏非也

⑤ 馳入塞치입새

정의 평주平州 유림관楡林關으로 들어온 것이다.

入平州楡林關也

신주 이 기사도 당시 위만조선과 한나라의 국경을 비정하는데 중요한 사료가 된다.《정의》는 당나라 때 지리 인식일 것이므로 당나라 때 평주와 유림관의 위치를 찾으면 위만조선과 한나라 사이의 국경을 비정할 수 있다.《구당서》〈지리지 하북도〉'평주' 조에 따르면 평주는 수나라 때 북평군北平郡이었다가 무덕武德 2년(619) 평주로 개칭했는데, 산하에 임유臨渝, 비여肥如 두 현을 두었다. 임유현은 유림관을 관장하고 있어서 생긴 이름일 것이다. 평주는 임유현에서 다스리다가 무덕 2년 비여현으로 옮기면서 노룡현盧龍縣으로 개칭했다. 노룡현은 후한 때 비여현인데, 요서군에 속해 있었다. 중국 학계는 수隋나라 때 평주의 위치를 두하陡河 유역 동쪽으로 무녕撫寧, 창려昌黎, 노룡盧龍 및 당산시唐山市 전역으로 비정한다. 두하는 하북성 난하灤河와 북경 부근의 조백하潮白河, 계운하薊運河 사이를 뜻한다. 당나라 때 평주를 다스리는 치소는 하북성 노룡盧龍이었다. 당나라 때 평주는 산하에 노룡현, 석성현石城縣, 마성현馬城縣을 두었는데 석성현은 한나라 때는 우북평군에 속해 있었다. 이를 보면 유림관은 하북성 노룡현에서 관장하던 평주에 있었다.

그런데 현재 하북성 장가구시張家口市 양원현陽原縣 마권보향馬圈堡鄉에 유림관이 있다. 동, 남, 서쪽이 모두 산을 접하고 있는 요새이다. 또한 유림현楡林縣에 대해서《사기》〈진시황본기〉의《정의》주석은 승주勝州에 속해있었다고 말하고 있다. 승주는 유림현에서 다스리는데, 현재 황하 남쪽의 내몽골 준격니기准格爾旗 12연성향連城鄉이라고 보고 있다.

⑥ 名美명미

색은 (조선) 장수를 죽인 아름다운 명성이 있다는 것이다.

有殺將之美名

⑦ 遼東東部都尉요동동부도위

정의 〈지리지〉에서 요동군 무차현武次縣은 동부도위의 치소라고 했다.

地理志云 遼東郡武次縣 東部都尉所理也

천자는 죄수들을 모집해 조선을 공격하게 했다. 그해 가을, 누선
장군樓船將軍 양복楊僕①을 보내서 제齊로부터 발해로 배를 띄워
나가게 했다. 군사 5만 명으로 좌장군 순체荀彘에게 요동에서 나
가서 우거를 토벌하게 했다.

우거는 군사를 일으켜 험준한 곳에 의지해서 항거했다. 좌장군
졸정卒正 다多②가 요동 군사를 거느리고 먼저 멋대로 나갔다가
패배하고 흩어졌다. 다多는 달아났다가 돌아와서 군법에 의해 참
형당했다.

누선장군은 제齊의 군사 7,000명을 거느리고 먼저 왕험성에 이르렀다.
우거는 성을 지키면서 누선장군의 군사들이 적은 것을 엿보아 알
았다. 곧바로 성을 나가 누선장군을 공격하자 누선장군의 군대는
무너지고 흩어져 달아났다. 누선장군 양복은 그의 군사를 잃고
산속에서 10여 일을 숨어지내면서 차츰 흩어진 졸병들을 수습해
다시 모았다. 좌장군 순체는 조선의 패수 서군西軍을 쳤지만, 깨
뜨리지 못해서 앞으로 나아갈 수 없었다.③

> 天子募罪人擊朝鮮 其秋 遣樓船將軍楊僕①從齊浮渤海 兵五萬人 左將
> 軍荀彘出遼東討右渠 右渠發兵距險 左將軍卒正多②率遼東兵先縱 敗
> 散 多還走 坐法斬 樓船將軍將齊兵七千人先至王險 右渠城守 窺知樓
> 船軍少 卽出城擊樓船 樓船軍敗散走 將軍楊僕失其衆 遁山中十餘日
> 稍求收散卒 復聚 左將軍擊朝鮮浿水西軍 未能破自前③

① 楊僕양복

신주 양복은 의양宜陽 사람으로, 서기전 112년에 무제가 남월南越을 정벌할 때 누선장군에 임명되었고, 남월을 정벌해서 세운 공로로 장량후將梁侯에 봉해졌다. 조선과 전쟁할 때 좌장군을 기다리지 않고 먼저 공격하다가 군사를 잃은 죄로 참형을 선고받았지만, 속전을 내고 서인으로 강등되어 목숨을 건졌다.

② 卒正多졸정다

신주 왕선겸王先謙은 《한서보주漢書補注》에서 "졸정은 관직 이름이고 다多는 그의 이름이다."라고 했다.

③ 左將軍擊~未能破自前좌장군격~미능파자전

신주 '左將軍擊朝鮮浿水西軍 未能破自前'을 풀이하는데, 문장을 어떻게 끊어 읽느냐에 따라 문장의 의미가 달라진다. '左將軍擊朝鮮浿水西軍 未能破自前'이라고 하면 '좌장군(순체)은 조선 패수의 서군을 공격했지만 격파하지 못해 전진할 수 없었다.'라고 해석되지만 '左將軍擊朝鮮浿水西 軍未能破自前'이라고 하면 '좌장군(순체)은 조선을 패수의 서쪽에서 공격했지만 (순체의) 군대가 격파하지 못해 전진할 수 없었다.'라고 해석된다. 전자前者로 해석하면 패수의 위치와 조선에 패수의 서군이 존재했을 가능성이 있어 문제가 된다. 왜냐하면 앞의 주석에서 패수는 요동의 새 밖에서 나와 서남쪽으로 흐르다가 서쪽으로 흐른다고 했고, 또 왕험王險은 창려昌黎에 험독현險瀆縣이 있고, 험독현은 조선왕의 옛 도읍이며, 패수浿水의 동쪽에 있다고 했으니, 패수가 지금의 난하라면, 난하를 경계로 요동은 조선, 요서는 한나라 권역이므로, 한나라 권역인 요서에 조선의 군사가 주둔하고 있을 리가 만무하기 때문이다. 그러나 후자後者로 해석하면, 전자에서 제기된 문제점이 모두 해결되어 후자를 채택한다.

한사군 문제

천자는 두 장군이 유리하지 않다고 여기고 곧 위산衛山^①을 보내 군사의 위세로 가서 우거를 타이르도록 했다. 우거는 사자를 만나 보고 머리를 조아리며 사죄했다.

"항복하려고 했는데 두 장군이 신을 속여 죽일까 두려웠습니다. 지금 믿을 수 있는 (황제의) 부절을 보았으니 항복하기를 청합니다." 태자를 보내 입조해서 사죄하고 말 5,000필과 군량미를 바치겠다고 했다. 군사 1만여 명이 병기를 가지고 패수를 막 건너려는데, 사자와 좌장군은 그들이 변란을 일으킬까 의심해서 태자에게 일러 이미 항복했으니 군사들에게 병기를 가지지 말라고 명하라고 했다.

태자도 사자와 좌장군이 자신을 속여 죽일까 의심하고 끝내 패수를 건너지 않고 다시 군사를 이끌고 돌아갔다. 위산이 돌아와 천자에게 보고하자 천자는 위산을 죽였다. 좌장군은 패수상군浿水上軍^②을 깨뜨리고 이에 전진해 (왕험)성 아래에 이르러 성의 서북쪽을 포위했다. 누선장군도 가서 합류하고 성의 남쪽에 거주했다. 우거가 끝내 성을 굳게 지키자 여러 달 동안 함락하지 못했다.

天子爲兩將未有利 乃使衛山[1]因兵威往諭右渠 右渠見使者頓首謝 願

降 恐兩將詐殺臣 今見信節 請服降 遣太子入謝 獻馬五千匹 及饋軍糧

人衆萬餘 持兵 方渡浿水 使者及左將軍疑其爲變 謂太子已服降 宜命

人毋持兵 太子亦疑使者左將軍詐殺之 遂不渡浿水 復引歸 山還報天

子 天子誅山 左將軍破浿水上軍[2] 乃前 至城下 圍其西北 樓船亦往會

居城南 右渠遂堅守城 數月未能下

① 衛山위산

신주 위산에 대해서는 자세한 인적 사항을 알 수 없다.《한서》〈위청
곽거병열전〉에는 북지도위北地都尉라는 벼슬로 표기장군 곽거병을 따라
흉노의 왕을 생포하는 데 공을 세워 의양후義陽侯에 봉해진 위산衛山이
란 인물이 나온다.

② 浿水上軍패수상군

신주 이 패수상군은 앞의 패수서군과 같은 대칭구로 해석해야 할 것
이다. 상上에는 높다는 뜻이 있고, 동사로서는 '가다, 도달하다'는 뜻이
있어서 '패수로 가서 (위만)군을 깨뜨렸다'고 해석할 수 있지만 부드럽지
않다. '패수서군'처럼 '패수상군'은 위만조선의 군대 이름으로 해석하는
것이 가장 자연스럽다.

좌장군은 본래 시중侍中으로 있으면서 총애를 받았고 연燕과 대代의 군졸들을 거느렸는데, 날래고 승세를 타서 군사들이 매우 교만했다. 누선장군은 제齊나라 군졸들을 거느리고 바다로 들어 갔는데 이미 패전하여 도망한 적이 많았다. 그는 앞서 우거와 싸우다가 곤욕을 당하고① 군사들을 많이 잃었으므로 군사들은 모두 두려워했고 장군은 마음속으로 부끄러웠다. 이에 우거를 포위 했으면서도 항상 강화를 위해 조절하려 했다.

좌장군이 갑자기 공격하자 조선의 대신은 몰래 틈을 타서 사람을 보내 사사로이 누선장군에게 항복하겠다고 약속하고, 말이 오 갔지만 아직 기꺼이 결정하지 못했다. 좌장군은 자주 누선장군과 싸우자고 기약했으나 누선장군은 급하게 그 약속을 이루고자 만나지 않았다.

좌장군도 사람을 시켜 틈을 타서 조선이 항복하라고 요구했으나, 조선은 좌장군에게 기꺼이 항복하지 않고 마음으로 누선장군에게 붙으려고 했다. 이 때문에 두 장군은 서로 화목하지 못했다.②
좌장군은 마음속으로 '누선장군이 지난날 군사를 잃은 죄가 있고, 지금 조선과 사사로이 잘 지내면서 또 조선을 항복시키지 않고 있으니, 그가 배반하려는 계획이 있는가.'라고 의심했다. 그러나 감히 발설하지는 못했다.

左將軍素侍中 幸 將燕代卒 悍 乘勝 軍多驕 樓船將齊卒 入海 固已多敗 亡 其先與右渠戰 困辱①亡卒 卒皆恐 將心慙 其圍右渠 常持和節 左將 軍急擊之 朝鮮大臣乃陰閒使人私約降樓船 往來言 尙未肯決 左將軍 數與樓船期戰 樓船欲急就其約不會 左將軍亦使人求閒郤降下朝鮮 朝

鮮不肯 心附樓船 以故兩將不相能② 左將軍心意樓船前有失軍罪 今與
朝鮮私善而又不降 疑其有反計 未敢發

① 困辱곤욕

신주 중화서국본은 '인困' 자로 되어 있으나, 백납본은 '곤困' 자로 되어 있다. 어느 것을 따라도 문장에 이상은 없지만, 여기서는 백납본을 따른다.

② 不相能불상능

신주 《한서》〈조선전〉에는 '불상득不相得'으로 되어 있다. '상능相能'이란 서로 화합한다는 뜻이다. 상득相得은 서로 뜻이 맞는다는 뜻이다. 따라서 같은 말이다.

천자가 말했다.

"장군들이 통솔하는 데 능하지 못해, 지난날 위산에게 우거왕을 타일러 항복하게 하니, 우거왕이 태자를 보냈다. 그러나 위산은 사신으로서 결단하지 못하고 좌장군과 함께 계획을 그르쳐서 마침내 약속을 망치고 말았다. 지금도 두 장군이 성을 포위하고도 의견이 어그러지고 다르니 이 때문에 오래도록 결판내지 못하는 것이다."

이에 제남태수 공손수公孫遂에게 가서 바로잡고 형편에 맞게 일을 처리하도록 했다. 공손수가 이르자 좌장군이 말했다.

"조선이 마땅히 항복하려 한 지 오래지만 항복하지 않는 것은 사정이 있소."

그리고 누선장군이 여러 번 약속에 나오지 않은 것과 평소 생각했던 바를 갖추어 공손수에게 보고했다.

"지금 이와 같은데 체포하지 않으면 큰 해가 될까 두렵소. 누선장군 혼자가 아니라 조선과 더불어 우리 군사를 전멸시킬 것이오."

공손수도 또한 그러할 것이라고 여겼다. 그래서 부절符節로 누선장군의 일을 토의하려고 좌장군의 군영으로 (누선장군을) 소환해서, 곧 좌장군 휘하의 군사들에게 명해 누선장군을 체포하게 하고, 그 군사들을 합쳤다. 이로써 천자에게 보고하자 천자는 공손수를 죽였다.

天子曰將率不能 前(及)〔乃〕使衛山諭降右渠 右渠遣太子 山使不能剸決 與左將軍計相誤 卒沮約 今兩將圍城 又乖異 以故久不決 使濟南太守公孫遂往(征)〔正〕之 有便宜得以從事 遂至 左將軍曰 朝鮮當下久矣 不下者有狀 言樓船數期不會 具以素所意告遂 曰 今如此不取 恐爲大害 非獨樓船 又且與朝鮮共滅吾軍 遂亦以爲然 而以節召樓船將軍入左將軍營計事 卽命左將軍麾下執捕樓船將軍 幷其軍 以報天子 天子誅遂

좌장군이 양쪽 군사를 합치고 나서 곧 조선을 급하게 공격했다. 조선 재상宰相 노인路人, 재상 한음韓陰[①], 니계尼谿[②] 재상 참參과 장군 왕협王唊③ 등이 서로 상의했다.

"처음에 누선장군에게 항복하려고 했지만, 누선장군은 지금 체포되었소. 홀로 좌장군이 (군사를) 병합해 거느리고 싸움을 더욱 급박하게 하니 아마 맞설 수 없지만, 왕은 또 기꺼이 항복하지 않을 것이오."

한음과 왕협과 노인 등은 모두 도망쳐서 한나라에 항복했으며, 노인은 도중에서 죽었다.

左將軍已幷兩軍 卽急擊朝鮮 朝鮮相路人相韓陰①尼谿②相參將軍王唊③相與謀曰 始欲降樓船 樓船今執 獨左將軍幷將 戰益急 恐不能與(戰) 王又不肯降 陰唊路人皆亡降漢 路人道死

① 韓陰한음

신주 《사기》에는 한음이라고 기록했지만 《한서》〈조선전〉에는 '조선상로인, 재상한도[朝鮮相路人 相韓陶]'라고 하여 한음을 '한도韓陶'로 기록했다. 한음, 한도는 위만조선에게 나라를 빼앗긴 기준箕準의 친족일 가능성이 있다.

② 尼谿니계

신주 니계가 관직명인지 특정 지역명인지 알 길이 없다. 중국에는 춘추시대 제나라 땅으로 지금의 산동성山東省 경내에 니계라는 지명이 있었다. 〈공자세가〉에는 "제나라 경공景公이 니계전尼谿田을 공자에게 봉하고 싶어했다."라는 말이 나온다. 그렇다고 옛날의 니계가 이 니계일 리는 없다. 이 니계가 조선의 거수국渠搜國 중 하나였을 것으로 추정할 수 있으나 연구가 더 필요하다.

③ 朝鮮相路人~將軍王唊조선상로인~장군왕협

[집해] 《한서음의》에서 말한다. "총 5인이다. 융적戎狄은 관직의 기강을 알지 못한다. 그러므로 모두 상相이라고 일컬었다. 唊의 발음은 '협頰'이다."

漢書音義曰 凡五人也 戎狄不知官紀 故皆稱相 唊音頰

[색은] 응소가 말했다. "총 5인이다. 융적은 관청의 규율을 알지 못했다. 그러므로 모두 상相으로 일컬었다. 노인路人은 어양현漁陽縣 사람이다." 여순이 말했다. "상相은 그 국가의 재상이다. 노인路人은 이름이다. 唊의 발음은 '협頰'이고, 어떤 경우에는 '협協'으로도 발음한다."

應劭云 凡五人 戎狄不知官紀 故皆稱相也 路人 漁陽縣人 如淳云 相 其國宰相 路人 名也 唊音頰 一音協

[신주] 응소가 다섯 명으로 본 것은 니계와 재상 참을 별도의 인물로 구분한 것이다. 융적은 관직의 기강을 모른다는 배인의 [집해] 주석 중화사상의 발로에 의한 해석일 뿐이다. 조선에는 상相이란 재상뿐만 아니라 비왕裨王도 있었다. 곧 조선의 임금은 황제였고, 그 아래 왕으로 봉함을 받은 제후들이 있었으며, 여러 재상과 장군들이 있었다. 위만조선도 황제국 체제를 지향했다. 노인路人의 출신지인 어양漁陽은 지금의 북경, 천진 및 하북성 일부를 포괄하는 행정구역이었다. 이 역시 당시 위만조선의 강역을 시사하는 기록이다.

무제 원봉 3년(서기전 108) 여름, 니계상① 참參은 사람을 시켜 조선
왕 우거를 죽이고 와서 항복했다. 그러나 왕험성은 함락되지 않
았다. 옛 우거의 대신이었던 성사成巳②가 또 반발하여 다시 관리
들을 공격했다.

좌장군은 우거의 아들 장강長降③과 재상 노인路人의 아들 최最④
를 시켜 그의 백성에게 알려 깨우치게 하고 성사成巳를 죽이게 했
다. 이로써 마침내 조선을 평정하고 사군四郡⑤으로 삼았다.

元封三年夏 尼谿相①參乃使人殺朝鮮王右渠來降 王險城未下 故右渠
之大臣成巳②又反 復攻吏 左將軍使右渠子長降③相路人之子最④告諭
其民 誅成巳 以故遂定朝鮮 爲四郡⑤

① 尼谿相니계상

신주 《삼국지》〈동이전〉 배송지 주석에 《위략》을 인용한 글이 있다.
《위략》에는 "애당초 우거右渠가 멸망되기 전에 조선상朝鮮相 역계경歷谿
卿이 간언했으나 듣지 않자 동쪽의 진국辰國으로 갔다."라고 했다. 만약
역계와 니계가 음차하면, 옛 음은 '니계'로 거의 비슷하게 된다. 그렇다면
여기 니계상은 '니계'라는 성을 가진 재상이라 할 수 있다. 이는 역계경
이 동쪽 '진국으로 갔다.'는 지리적 기록과 함께 고대의 성씨에 관한 중요
한 기록일 수 있다.

② 成巳성사

신주 《사기》에는 '성사成巳'로 표기되어 있고, 《한서》에는 '성이成巳'라
고 되어 있다. 흔히 '성기成己'라고 많이 읽는데 성기라는 발음이 어디에

서 왔는지 알 수 없다. 《삼국유사》를 따랐다고 하는데, 국보인 규장각본 《삼국유사》에는 '성사成巳'라고 기록하고 있다.

③ 長降장강

집해 서광이 말했다. "〈건원이래후자연표〉에는 '장로長路'라고 일렀다. 《한서》〈공신표〉에는 '장각長陥'이라고 일렀는데 陥의 발음은 '각咎'이다."

徐廣曰 表云長路 漢書表云長陥 音各

색은 살펴보니 《한서》〈공신표〉에는 '장각長陥'이라고 일렀는데 陥의 발음은 '각咎'이다.

案 漢書表云長陥 音各

신주 〈건원이래후자연표〉에도 역시 '장각長陥'이라 했으니 '장각'이 맞을 것이다.

④ 路人之子最노인지자최

색은 노인路人의 아들이며 이름은 최最이다.

路人子也 名最

⑤ 四郡사군

집해 진번, 임둔, 낙랑, 현도이다.

眞番臨屯樂浪玄菟也

신주 사마천司馬遷(서기전 145~서기전 1세기)은 《사기》 본문에서 "이로써 마침내 조선을 평정하고 사군으로 삼았다.[以故遂定朝鮮 爲四郡]"라고만 쓰고 사군의 이름을 적지 않았다. 그런데 사마천은 위만조선과 한나라의 조한전쟁朝漢戰爭 때 생존했던 목격자이다. 이 전쟁은 1년 이상 끈 장기전이고, 한무제가 죄수들로 구성된 군사를 보낼 정도로 전력을 기울였다. 그러함에도 사마천이 4군의 이름을 적지 않은 이유는 무엇일까? 한사군의 이름은 사마천보다 150여 년 이후의 인물인 반고班固(32~92)가 편찬한 《한서》〈조선열전〉에 "따라서 마침내 조선을 평정하고 진번, 임둔, 낙랑, 현도 사군으로 삼았다.[故遂定朝鮮為眞番 臨屯 樂浪 玄菟四郡]"라고 기록하였고, 《한서》〈무제본기武帝本紀〉 '원봉元封 3년(서기전 108) 여름' 조에는 "조선에서 그 왕 우거의 목을 베고 함락시켜 그 땅에 낙랑, 임둔, 현도, 진번군을 두었다.[朝鮮斬其王右渠降 以其地為樂浪 臨屯 玄菟 眞番郡]"라고 기록하고 있다. 그런데 같은 《한서》〈지리지〉에는 '낙랑樂浪, 현도玄菟' 2개 군만 기록하고 있고, 《한서》〈오행지五行志〉의 '원봉元封 6년(서기전 105)' 조에는 "이보다 앞서 두 장군이 조선을 정벌하고 3개 군을 열었다.[先是兩將軍征朝鮮 開三郡]"라고 기록하고 있다.

　한사군은 일제 식민사학 및 남한에서 그를 추종하는 역사학자들이 한국 고대사의 성격 및 위치를 결정짓는 기준지명 중 하나이다. 한사군의 위치를 한반도 북부로 설정하고 한국 고대사는 중국 한나라의 식민지로 시작했다고 설명한다. 특히 위만조선의 도읍인 왕험성에 설치한 낙랑군의 위치가 지금의 평양이라는 것은 식민사학계의 주요 도그마이다. 그러나 앞서 살펴본 것처럼 위만이 동쪽으로 패수를 건넜다는 점이나 섭하가 조선의 비왕을 찔러 죽이고 도주한 곳이 하북성 유림관이라는 점에서 위만조선의 도읍이 지금의 평양일 가능성이 추호도 없다.

　중국의 여러 사료들은 낙랑군이 고대 요동에 있었다고 일관되게 말하고 있다. 앞서 본 것처럼 《회남자》〈시측훈〉은 갈석산을 지나면 조선이 있다고 했으니 그 조선에 세웠다는 낙랑은 갈석산 부근에 있어야 한다.

또한《한서》〈가연지賈捐之열전〉에는 "서쪽으로는 여러 나라와 연대하여 안식安息에 이르렀고, 동쪽으로는 갈석을 지나 현도, 낙랑으로써 군을 삼았습니다.[西連諸國至于安息 東過碣石以玄菟 樂浪爲郡]"라고 말하고 있다. 가연지(?~서기전 43년)는 상서령尚書令을 역임한 고위관료로서 낙랑군이 실제로 존재했을 당시에 생존한 인물이었다. 그도 역시 갈석산을 지나면 낙랑이 있다고 했으니 이 낙랑이 지금의 북한 평양일 가능성은 없다.

《한서》〈지리지〉'낙랑군'조는 이렇게 말하고 있다.

"낙랑군(한무제 원봉 3년(서기전 108) 열었다. 왕망은 낙선군樂鮮郡이라고 했다. 유주幽州에 속해 있다. 응소應劭는 '옛 조선국이다.'라고 했다. 안사고는 '樂의 발음은 '락洛'이고, 浪의 발음은 '랑狼'이다.'라고 했다.) 호수는 6만 2천 812호이고, 인구는 40만 6천 748명이다.(운장雲鄣이 있다.) 25개 속현이 있다. 조선현(응소는 '기자箕子를 봉한 곳이다.'라고 말했다.) [樂浪郡 武帝元封三年開 莽曰樂鮮 屬幽州 應劭曰 故朝鮮國也 師古曰 樂音洛 浪音狼 戶六萬二千八百一十二 口四十萬六千七百四十八 有雲鄣 縣二十五 朝鮮 應劭 曰 武王封箕子於朝鮮]"

이 기사에서 보는 것처럼 낙랑군은 유주幽州에 속해 있는데, 유주는 지금의 북경 부근이다. 낙랑군도 그 부근에 있었다는 이야기다. 한나라는 기자조선의 도읍 자리에는 낙랑군 조선현을 설치하고 위만조선의 도읍자리에는 요동군 험독현을 설치했다. 이는 모두 하북성 일대에 있던 행정구역들이지 지금의 한반도 북부와는 아무런 상관이 없다.

《후한서》〈광무제본기〉'건무建武 6년'의 주석에도 낙랑군의 위치를 시사하는 구절이 있다.

"처음 낙랑사람 왕조王調가 낙랑군을 근거로 복종하지 않았다.(낙랑군은 옛 조선국이다. 요동에 있다) 가을 낙랑태수 왕준王遵이 그를 공격하자 낙랑군의 관리들이 왕조를 죽이고 항복했다.[初 樂浪人王調據郡不服 樂浪郡 故朝鮮國

也 在遼東 秋 遣樂浪太守王遵擊之 郡吏殺調降]"

위 기사도 낙랑군은 옛 고조선국이라고 말하면서 그 위치는 요동에 있다고 말하고 있다. 이때의 요동은 지금의 요동이 아니라 고대 요동, 곧 지금의 하북성 일대이다. 《후한서》〈최인崔駰열전〉도 마찬가지다.

"(거기장군) 두헌竇憲이 권력을 마음대로 하고 교만방자하니 최인이 여러 차례 간쟁했다. 흉노를 공격하러 나가서는 도로에서 더욱 불법을 많이 저질렀다. 최인이 주부主簿로서 앞뒤에 걸쳐 기록해서 수십 차례 상주上奏했다. 그 장단점을 지적하니 두헌이 포용하지 못하고 점점 소외시켰다. 배인이 고제高弟(과거의 우수합격자)라는 것을 살펴서 알고 장잠長岑현의 장長(현령)으로 내보냈다.(장잠현은 낙랑군에 속해 있는데, 그 땅은 요동에 있다.) 최인은 스스로 멀리 떠나서 뜻을 얻지 못할 것을 알고 드디어 취임하지 않고 집으로 돌아갔다. 영원永元 4년(92), 집에서 죽었다.[憲擅權驕恣 駰數諫之 及出擊匈奴 道路愈多不法 駰為主簿 前後奏記 數十 指切長短 憲不能容 稍疎之 因察駰高第 出為長岑長 長岑縣 屬樂浪郡 其地在遼東 駰自以遠去 不得意 遂不之官而歸 永元四年 卒于家]"

최인崔駰(?~92)은 역시 낙랑군이 존속하고 있을 때 후한의 벼슬아치이자 경학가였다. 이때 장잠현은 낙랑군에 속한 속현인데 낙랑군은 요동에 있다고 말하고 있다. 이때의 요동은 지역을 말하는 요동이다. 행정구역을 말하는 요동군은 지역을 말하는 요동의 일부분인데, 낙랑군도 요동지역 소속이었다.

또한 《후한서後漢書》〈군국지郡國志〉에는 유주幽州 소속의 '낙랑군樂浪郡'이 나오는데 그 산하의 열구현列口縣에 대한 내용을 보면 낙랑군이 어디 있었는지 알 수 있다.

"낙랑군: 조선현朝鮮縣……패수현浿水縣…점제현占蟬縣, 수성현遂城縣……대방현帶方縣… 열구현列口縣(곽박이 《산해경》에 주석하기를 '열은 강의 이름

이다. 열수는 요동에 있다.'고 했다.), 장잠현長岑縣, 둔유현屯有縣……낙도현樂都縣

[樂浪郡 朝鮮…浿水…占蟬 遂城…帶方…列口 郭璞注山海經曰 列 水名 列水在遼東 長岑…

樂都]"

　　낙랑군 열구현은 열수列水라는 강이 있어서 붙은 지명인데, 그 열수는
고대 요동에 있다고 말하고 있다. 일본과 한국의 역사학계는 이 열구를
지금의 대동강이라고 아무런 근거 사료 없이 우기고 있다. 위《후한서》
에는 장잠현이 있는데, 이미 살펴본 것처럼 장잠현은 요동에 있었다.

　　또한《진서晉書》〈지리지〉'평주平州 낙랑군'조도 마찬가지로 말하고
있다.

　　"낙랑군(한나라에서 설치했다. 여섯 현을 관할하며 호수는 3,700호이다): 조선현(주나
라에서 기자를 봉한 지역이다), 둔유현屯有縣, 혼이현渾彌縣, 수성현遂城縣(진秦나
라 때 쌓은 장성이 일어나는 지점이다.)[樂浪郡 漢置 統縣六 戶三千七百 朝鮮 周封箕子地 屯
有 渾彌 遂城 秦築長城之所起]"

　　진晉나라 평주平州 산하의 낙랑군에 수성현이 있는데, 이곳이 진秦나
라가 쌓은 만리장성이 시작되는 곳이라고 말하고 있다. 같은 진晉에서 작
성한《태강지리지太康地理志》에서 수성현에 대해서 말하는 내용이《사
기》〈하본기〉주석에 있다.

　　"《태강지리지》에서 말하기를, '낙랑군 수성현에는 갈석산이 있는데 만
리장성이 시작되는 기점이다.'라고 했다.[太康地理志云 樂浪遂城縣有碣石山 長
城所起]"

　　낙랑군 수성현이 만리장성이 일어나는 지점이라는 말은 만리장성의
동쪽 끝이라는 말이다. 만리장성의 동쪽 끝이 고대 요동이자 갈석산이
라는 사료는 여럿 있다. 반면 지금의 북한 평양에 갈석산이 있었다는 사
료는 단 하나도 없다. 모두 한 낙랑군 지역에 있던 고대 평양군에 있다는

사료들이다. 낙랑군이 지금의 하북성 일대에 있었다는 사료는 차고 넘친다. 낙랑군이 지금의 평양에 있었다는 사료는 없다.

나머지 삼군도 만약 존재했다면 하북성 동쪽이나 요령성 서쪽에서 찾아야 할 것이다. 앞서 본 것처럼 1997년 요령성 금서시錦西市(지금의 요령성 호로도시葫蘆島市) 연산구連山區 여아가女兒街 태집둔邰集屯 소황지小荒地 고성 터에서 임둔태수臨屯太守 봉니封泥가 발견되었다. 그간 일본과 한국의 강단사학계에서 임둔군을 강원도, 함경남도라고 주장했는데, 요령성 서쪽에서 봉니가 발견된 것이다.

낙랑군이 평양에 있었다고 주장한 주요한 인물 중에 한 명인 세키노 타다시關野貞는 자신의 일기에서 1918년 "(북경) 유리창가의 골동품점을 둘러보고 조선총독부 박물관은 위해서 한대漢代의 발굴품을 300여 엔에 구입했다."고 썼다. 이런 내용도 있다.

"대정 7년(1918) 3월 22일 맑음, 오전에 (일본영사관의) 죽촌竹村 씨와 유리창에 가서 골동품을 샀다. 유리창의 골동품점에는 비교적 한대의 발굴물이 많고, 낙랑 출토류품은 대체로 모두 잘 갖춰져 있기에, 내가 적극적으로 그것들을 수집했다.[漢代ノ發掘物多ク, 樂浪出土類品ハ大抵皆在,リ 余極力蒐集ジ]"

가는 곳마다 한나라, 낙랑군 유적, 유물을 발견해서 신의 손으로 불린 세키노 타다시가 북경의 골동품 상가인 유리창가에서 한나라, 낙랑군 유물을 적극적으로 사서 조선총독부 박물관에 보냈다는 것이다. 이런 모든 사료들은 한사군의 위치가 지금의 하북성 동쪽에서 요녕성 서쪽에 분포해 있었음을 말해주고 있다. 한사군의 위치를 지금의 하북성 동쪽 또는 요령성 서쪽으로 비정해야 한다. 그래야 문헌적 사료와 고고학적 관점이 합치된다.

참參을 봉해 획청후澅淸侯^①로 삼고, 한음을 봉해 적저후荻苴侯^②로 삼고, 왕협을 봉해 평주후平州侯로 삼고,^③ 장강長降을 봉해 기후幾侯로 삼고,^④ 최最는 아버지가 죽었지만 자못 공로가 있어서 온양후溫陽侯^⑤로 삼았다.

좌장군은 소환되기에 이르러 공로를 다투어 서로 질시해서 계획을 그르친 것에 걸려 기시형棄市刑을 당했다. 누선장군도 군사를 이끌고 열구洌口^⑥에 이르렀으면 마땅히 좌장군의 군대를 기다려야 했지만, 멋대로 먼저 (군대를) 풀어 잃고 죽은 자가 많았으므로 사형에 해당했으나 속죄금을 내고 서인이 되었다.

封參爲澅淸侯^① 陰爲荻苴侯^② 唊爲平州侯^③ 長〔降〕爲幾侯^④ 最以父死 頗有功 爲溫陽侯^⑤ 左將軍徵至 坐爭功相嫉 乖計 棄市 樓船將軍亦坐 兵至洌口^⑥ 當待左將軍 擅先縱 失亡多 當誅 贖爲庶人

① 澅淸侯획청후

[집해] 위소가 말했다. "제齊에 속한다."

韋昭曰 屬齊

[색은] 참參은 획청후이다. 위소가 말했다. "현 이름이고 제齊에 속한다." 고씨는 澅의 발음을 '획獲'이라 했다.

參 澅淸侯 韋昭云 縣名 屬齊 顧氏澅音獲

[신주] 위에 [집해] 주석에서 '제齊에 속한다'는 '제군齊郡에 속한다'는 뜻이다. 제군은 진시황 26년(서기전 221) 제국齊國을 멸망시키고 그 땅에 제군과 낭야군琅琊郡을 설치한 데서 비롯되었다. 전한 때 제군은 지금의 산동성 치박시淄博市 동부 및 청주靑州, 임구臨朐, 광요光饒 일대를 뜻한다.

왕망은 제군을 제남군齊南郡으로 바꾸었다.

② 狄苴侯적저후

집해 위소가 말했다. "발해군에 속한다."

韋昭曰 屬勃海

색은 한음은 적저후이다. 진작이 말했다. "발해군에 속한다. 狄의 발음은 '적狄'이고, 苴의 발음은 '져[子餘反]'이다."

陰 荻苴侯 晉灼云 屬勃海 荻音狄 苴音子餘反

신주 백납본 〈조선열전〉에는 추저萩苴, 《한서》 〈조선전〉에는 추저秋苴로 기록하고 있다. 《사기지의》에 따르면, 《방여기요》에 적저는 발해군 경운현慶雲縣(당시 남피현南皮縣) 동쪽에 있고 성 아래로 적저하가 흐른다고 한다. 현재 하북성 창주滄州 지역이다.

③ 唊爲平州侯협위평주후

집해 위소가 말했다. "(태산군) 양보현梁父縣에 속한다."

韋昭曰 屬梁父

색은 왕협은 평주후이다. 위소가 말했다. "양보현에 속한다."

唊 平州侯 韋昭云 屬梁父

신주 양보梁父는 양보산이 있어서 생긴 지명으로 양보산은 산동성 태안시泰安市 조래산徂徠山 남쪽에 있다. 《사기》 〈봉선서〉에 "옛날에 태산에 봉封 제사를 올리고 양보에 선禪 제사를 올린 자가 72가家였습니다."라는 기사가 있는데, 《정의》는 "양보산은 연주兗州 사수현泗水縣 북쪽 80리에 있다."라고 말하고 있다. 특히 한무제도 원봉 원년(서기전 110)에 양보산에 가서 지신地神에게 예로써 제사를 지냈기 때문에 중요한 지역이었다. 이런 지역의 후侯로 왕협을 제수했다는 것은 그만큼 그의 공을 중시했다는 뜻이다.

④ 長降爲幾侯장강위기후

집해 위소가 말했다. "하동군에 속한다."

韋昭曰 屬河東

색은 장長은 기후幾侯이다. 위소가 말했다. "현 이름이고 하동군에 속한다."

長 幾侯 韋昭云 縣名 屬河東

신주 장강을 봉한 기幾 땅이 어디인지는 분명하지 않다. 《사기》〈조세가〉에는 조나라 혜문왕 때 장군 염파가 위魏나라 기幾를 공격해 빼앗았다는 기사가 있다. 《정의》는 이에 대해 "《전국책》에는 진秦나라에서 알여關與를 무찌르고 위魏나라의 기幾를 공격했다고 했다. 살펴보니, 기읍幾邑은 어떤 때는 제나라에 속하고 어떤 때는 위나라에 속했다. 마땅히 상주相州와 노주潞州 사이에 있어야 한다."라고 말했다. 상주는 북위北魏 때 설치했는데 지금의 하남성 안양시安陽市 일대이고, 노주는 북주北周에서 설치했는데 지금의 산서성과 하북성 일대에 있던 행정구역이다.

⑤ 溫陽侯온양후

집해 위소가 말했다. "제군에 속한다."

韋昭曰 屬齊

색은 최最는 열양후涅陽侯이다. 위소는 제군에 속한다고 했다.

最 涅陽侯 韋昭云 屬齊也

신주 《사기》〈건원이래제후연표〉에는 열양涅陽, 《한서》〈공신표〉에

는 열양涅陽, 〈조선전〉에는 저양沮陽이라 하여 차이가 있다. 〈지리지〉에
는 저양은 상곡군 속현이며, 열양은 남양군 속현이라고 했다. 온양은 전
거典據가 없다. 거리로 보아 저양일 것으로 생각하지만, 여기서는 양표兩
表의 지명을 따라 열양후로 삼기로 한다. 열양현涅陽縣은 한문제 5년(서기전
175) 열양후국涅陽侯國을 개칭해 설치한 곳인데, 지금의 하남성 남양시南陽
市 진평현陳平縣 후집진侯集鎭 부근으로 열수涅水가 있어서 생긴 지명이다.

⑥ 洌口열구

색은 소림이 말했다. "현 이름이다. (누선장군이) 바다를 건너서 먼저 차
지했다."

蘇林曰 縣名 度海先得之

신주 이 열구洌口는 열구列口를 뜻할 것이다. 《한서》〈지리지〉에는 낙
랑군 산하 25개 현 중에 열구현列口縣이 있다. 낙랑군은 후한 때 18개 현
으로 축소되었는데 열구현은 존재한다. 이에 대해 《후한서》 주석은 "곽
박은 《산해경》의 주석에서 '열列은 강 이름이다. 열수는 요동에 있다'고
했다."라고 서술하고 있다. 열구는 열수의 입구에 있어서 생긴 이름인데,
열수는 요동에 있는 강이라는 뜻이다. 따라서 한국의 강단사학계가 열
수를 대동강으로 보는 것은 사료적 근거가 없는 주장이다.

태사공은 말한다.

우거왕은 지형의 험난함에 의지하다가 나라의 제사를 끊기게 했다. 섭하는 속임수로 공을 이루어 전쟁이 일어나는 단초가 되었다. 누선장군은 거느린 군사가 자질구레하고 적어서[①] 재난에 이르렀고 재앙을 만났다. 번우番禺에서 실패를 뉘우친 것이 도리어 머뭇거리게 되었다. 순체는 공로를 다투다 공손수와 함께 처형되었다. 두 군대는 함께 수모를 당했고 장수와 병졸 중에 아무도 후작에 봉해지지 못했다.[②]

太史公曰右渠負固 國以絶祀 涉何誣功 爲兵發首 樓船將狹[①] 及難離咎 悔失番禺 乃反見疑 荀彘爭勞 與遂皆誅 兩軍俱辱 將率莫侯矣[②]

① 狹협

[집해] 서광이 말했다. "그가 거느린 병졸들이 자질구레하고 적다고 말한 것이다."

徐廣曰 言其所將卒狹少

② 莫侯矣막후의

[신주] 조한朝漢전쟁에서 한나라의 승리로 끝났는데 이에 종군했던 장군들과 이에 관계된 관료들은 대부분 사형 당했다는 사실은 이 전쟁이 과연 한의 승리로 끝난 것인지 의문을 품게 한다. 위산, 공손수, 순체는 사형당했고 양복도 사형이 선고宣告되어 속전을 내고 목숨은 건졌으나 서인으로 강등되었다. 게다가 순체는 시체가 조리돌림 당하는 기시형에 처해졌다.

역대 전쟁사에서 승전하고, 관련자들이 모두 죽임을 당한 유일한 사례이다. 그래서 조한전쟁이 실제로 한나라의 승리로 끝났는지, 한나라가 차지한 위만조선의 강역이 어느 정도였는지 의문이 제기될 수밖에 없다. 한사군이 한반도 북부에 설치되었다는 식민사학의 주장은 앞서 살펴본 여러 사료나 고고학 유적, 유물에 의하면 성립될 수 없다. 한국, 일본, 중국의 강단사학계가 지성과 이성을 따르는 정상적인 학자집단이라면 이 문제는 벌써 끝났을 문제다. 한사군의 위치가 한반도 북부라는 주장은 굳이 이를 반박할 가치가 없다. 하지만 한사군이 실제 설치되었는지, 만약 설치되었다면 그 위치는 어디이고 그 강역은 어느 정도인지 살펴볼 필요가 있어 앞으로 좀 더 근거에 부합하는 세심한 연구가 있어야 할 것이다.

위만조선의 장상 중에 항복하여 제후로 봉해진 조선 사람 5명도 5년 이내에 모두 제거되거나 작위를 잃는데, 자세한 것은 〈건원이래후자연표〉에 있다.

[색은술찬] 사마정이 펼쳐서 밝히다.

위만은 연나라 사람으로 조선왕이 되었다. 왕험에 도읍을 설치하고 노인이 재상이 되었다. 우거는 우두머리로 어긋났고 섭하는 주상을 속였다. 화의 조짐이 여기부터 있었고, 두 장수는 여우처럼 머뭇거렸다. 위산과 공손수가 형벌을 받아 죽으니 크게 어지러웠으나 형상은 없구나!

衞滿燕人 朝鮮是王 王險置都 路人作相 右渠首差 涉何調上 兆禍自斯 狐疑二將 山遂伏法 紛紜無狀

[지도] 조선열전

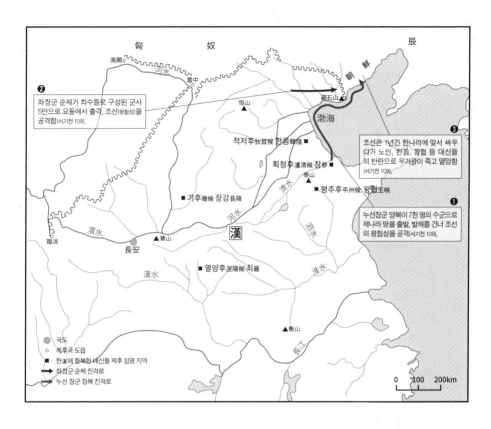

匈 奴

辰

高闕

河水

雲中

恒山▲

朝鮮

碣石山▲

渤海

❷
좌장군 순체가 죄수들로 구성된 군사 5만으로 요동에서 출격, 조선(왕험성)을 공격함(서기전 109).

적저후狄苴候 한음韓陰 ■

획청후澅淸候 참參 ■

泰山▲

❸
조선은 1년간 한나라에 맞서 싸우다가 노인, 한음, 왕협 등 대신들의 반란으로 우거왕이 죽고 멸망함(서기전 108).

기후幾候 장강長降 ■

渭水

▲華山

漢

河水

평주후枡州候 왕협王唊 ■

淮水

渭水

❶
누선장군 양복이 7천 명의 수군으로 제나라 땅을 출발, 발해를 건너 조선의 왕험성을 공격(서기전 109).

臨洮

長安
◎

漢水

열양후涅陽候 최最 ■

▲衡山

長江

◎ 국도
○ 제후국 도읍
■ 한漢에 항복한 대신들 제후 임명 지역
➡ 좌장군 순체 진격로
➡ 누선 장군 장복 진격로

0   100   200km

사기 제116권 史記卷一百一十六

서남이열전 西南夷列傳

사기 제116권 서남이열전 제56

史記卷一百一十六 西南夷列傳第五十六

신주 서남이西南夷는 한나라 때 서남지방의 각 소수민족을 일컫는다.
대략 지금의 사천성四川省, 운남성雲南省, 귀주성貴州省 일대가 그 지역에
해당한다. 야랑夜郎의 세력이 가장 큰데 지금의 귀주성 서북부, 사천성
남부지역에 해당하고, 운남성 지역에는 전滇, 미막靡莫, 수嶲, 곤명昆明, 동
사同師 등의 이족夷族들이 있었으며, 사천성 지역에는 공도邛都, 사徙, 작
도筰都, 염冉, 방駹 등의 세력이 있었다. 초위왕楚威王(서기전 339~서기전 329)
또는 초경양왕楚頃襄王(서기전 298~서기전 263) 때 초나라 장군 장갹莊蹻이
군사를 이끌고 장강長江을 따라 올라가 파巴와 검중黔中의 서쪽을 공략
하고 전지滇池(지금의 운남성 곤명 남쪽의 호수)에 이르렀다. 이들을 위력으로 평
정하고 초나라로 돌아가 보고하려 했으나 이때 진秦나라가 초나라의 파,
검중을 공격하여 함락함으로써 길이 막혀 다시 전滇으로 돌아와 그들의
풍속에 따르면서 전의 군장이 되었다. 그 후 진秦나라 때 상안常頞이 이
지역을 공략하여 오척도五尺道(사천성과 운남성을 잇는 도로)를 개통하고 여러
관리를 두었다. 진나라가 멸망하고 한나라가 일어나자 모두 이 나라들을
버리고 촉蜀에 원래 있던 경계를 관새關塞로 삼았다. 한무제 건원 6년(서기
전 135)에 당몽唐蒙의 건의에 따라 재물과 위세로 야랑과 그 주변의 나라

들을 합하여 건위군犍爲郡으로 삼았다. 서기전 130년에 사마상여司馬相如의 공邛, 작筰 등 서남이 개척의 긍정론에 따라 그곳에 한 명의 도위와 10여 개의 현을 설치하고 촉에 예속시켰다. 파巴, 촉蜀 등의 군사를 동원하여 도로를 개설하였는데, 북도僰都(사천성 의빈시宜賓市)에서 장가강牂柯江(귀주성 서남 지역)까지이다. 이때 파, 촉 등 사군(파巴, 촉蜀, 한중漢中, 광한廣漢)의 백성들이 도로를 개통하는데 군량운송 등의 노역을 하였지만 여러 해가 되도록 도로는 개통되지 않아 노역자들과 군사들은 지치고 굶주린 상태에서 습병으로 죽는 자도 많았다. 또한 서남이가 여러 차례 반기를 들어 토벌에 많은 재정만 소비되자 공손홍公孫弘은 현장을 살펴보고 서기전 126년에 어사대부御史大夫 공손홍이 계속 서남이 개척이 재정낭비만 한다고 건의하여 서남이의 일은 건위군에서 스스로 알아서 하도록 하였다. 원정 5년(서기전 112)에 남월南越이 반란을 일으키자 치의후馳義侯로 하여금 건위군을 통하여 야랑의 군사를 동원하게 했으나 저란且蘭(귀주성 동북의 이족)의 군주가 반란을 일으켜서 한나라의 사자와 건위군 태수를 죽이자 파, 촉의 군사들을 동원해서 저란을 공격하여 평정하였다. 서기전 111년에 남월이 멸망하자 한나라는 저란, 공, 작 등의 군주를 죽이고 야랑을 평정하니 염冉과 방駹도 한나라에 복속되어 공도를 월수군越嶲郡으로, 작도를 침리군沈犁郡으로, 염과 방을 민산군汶山郡으로, 백마白馬를 무도군武都郡으로, 야랑을 장가군牂柯郡으로 삼았다. 원봉 2년(서기전 109)에 파, 촉의 군사를 동원해서 노침勞浸, 미막靡莫 등을 공격하여 멸망시키자 전왕滇王도 항복하였다. 한나라는 그 지역을 익주군益州郡(지금의 운남 성 지역 일대)으로 만들었고 전왕에게 인장을 내려 그 백성들의 우두머리로 삼았다.

서남쪽 군장들

제
일
장

서남이西南夷(촉의 남쪽)[1]에는 군장君長들이 십수[2] 명이 있는데 야
랑夜郎[3]이 가장 크다. 그 서쪽은 미막靡莫[4] 족속[5]이 십수 개인
데 전滇[6]이 가장 크다. 전滇에서 북쪽으로 군장君長들이 십수 명
이 있는데 공도邛都[7]가 가장 크다. 이들은 모두가 추계魋結(북상
투)[8]를 하고 밭을 갈며 읍邑을 이루고 모여 살았다.

西南夷[1]君長以什數[2] 夜郎[3]最大 其西靡莫[4]之屬[5]以什數 滇[6]最大 自
滇以北君長以什數 邛都[7]最大 此皆魋結[8] 耕田 有邑聚

---

① 西南夷서남이

정의 촉蜀의 남쪽에 있다.

在蜀之南

② 什數십수

색은 유씨는 數의 발음은 '수[所具反]'라고 했다. 추씨는 數의 발음은
'수[所主反]'라고 했다.

劉氏音所具反 鄒氏音所主反

신주 십수什數는 십여 부족을 가리킨다.

③ 夜郎야랑

색은 순열荀悅이 말했다. "건위犍爲의 속국이다." 위소가 말했다. "한 나라에서 현縣으로 만들어 장가牂柯에 소속시켰다." 살펴보니 《후한서》에는 "야랑은 동쪽으로 교지交阯와 접해 있어 그 땅은 호남胡南에 있고 그 군장은 본래 죽竹(대)에서 나와 죽竹을 성姓으로 삼았다."라고 했다.

荀悅云 犍爲屬國也 韋昭云 漢爲縣 屬牂柯 按 後漢書云 夜郎東接交阯 其地在胡南 其君長本出於竹 以竹爲姓也

정의 지금 노주瀘州의 남쪽 대강大江의 남쪽 언덕에 협주協州, 곡주曲州가 본래 야랑국夜郎國이다.

今瀘州南大江南岸協州曲州 本夜郎國

신주 야랑夜郎은 지금의 귀주성貴州省 일대이다.

④ 靡莫미막

색은 이읍夷邑의 이름이다. 전滇과 동성同姓이다.

夷邑名 滇與同姓

신주 지금의 운남성云南省 심전尋甸 일대에서 활약한 부족이다.

⑤ 屬속

정의 촉蜀의 남쪽 이하에서 서쪽에 이르러 있다. 미비靡非는 요주姚州의 북쪽에 있고 경사京師와의 거리는 서남쪽으로 4,935리이며 곧 미막의 이족夷族이다.

在蜀南以下及西也 靡非在姚州北 去京西南四千九百三十五里 即靡莫之夷

⑥ 滇전

집해 여순이 말했다. "滇의 발음은 '전顚'이고 전滇의 말은 그 나라에서 나온다."

如淳曰 滇音顚 顚馬出其國也

색은 최호가 말했다. "뒤에 현이 되었고 월수태수越嶲太守가 다스리는 곳이다."

崔浩云 後爲縣 越嶲太守所理也

정의 곤주昆州, 낭주郞州 등은 본래 전국滇國이고 경사와의 거리는 서쪽으로 5,370리이다.

昆州郞州等 本滇國 去京西五千三百七十里也

⑦ 邛都공도

신주 지금의 사천성四川省 서창시西昌市 동남쪽 일대이다.

⑧ 魋結추계

색은 추魋는 《한서》에는 "추椎로 되어 있고 魋의 발음은 '주[直追反]'이다. 結의 발음은 '계計'이다."라고 했다.

魋 漢書作椎 音直追反 結音計

그 밖의 서쪽은 동사同師[1]의 동쪽부터 북쪽의 엽유楪楡[2]까지는 이름이 수嶲와 곤명昆明[3]인데 모두가 머리를 땋아 내리고 가축을 따라 유목생활을 하며[4] 항상 일정한 곳에 거처하는 일이 없다.

군장君長이 없으나 그들의 땅은 사방으로 수천 리에 이른다.

수雟에서 동북쪽으로 군장君長들이 십수 명이 있는데 사徙와 작도筰都⑤가 가장 크다. 작筰에서 동북쪽으로 군장들이 십수 명이 있는데 염冉과 방駹⑥이 가장 크다. 그들의 풍속은 혹은 토착土着하고 혹은 유목생활을 하는데, 촉蜀의 서쪽에 있다.

其外西自同師①以東 北至楪楡② 名爲雟昆明③ 皆編髮 隨畜遷徙④ 毋常處 毋君長 地方可數千里 自雟以東北 君長以什數 徙筰都⑤最大 自筰以東北 君長以什數 冉駹⑥最大 其俗或士着 或移徙 在蜀之西

① 同師동사

집해 위소가 말했다. "읍명邑名이다."

韋昭曰 邑名也

색은 위소는 읍명邑名이라고 했다. 《한서》에는 '동사桐師'로 되어 있다.

韋昭云邑名 漢書作桐師

② 楪楡엽유

집해 응소가 말했다. "익주益州에 있다. 楪의 발음은 '엽葉'이다."

韋昭曰 在益州 楪音葉

색은 위소가 말했다. "익주益州의 현이다. 楪의 발음은 '엽葉'이다."

韋昭曰 益州縣 楪音葉

정의 앞 글자 楪의 발음은 '엽葉'이다. 엽택楪澤은 미靡의 북쪽 100여 리에 있다. 한나라 엽유현楪楡縣은 엽택楪澤의 서쪽 익도益都에 있다. 미비靡非는 본래 엽유왕의 속국이다.

上音葉 楪澤在靡北百餘里 漢楪榆縣在澤西益都 靡非 本葉榆王屬國也

③ 巂昆明수곤명

집해 서광이 말했다. "영창永昌에는 수당현巂唐縣이 있다."

徐廣曰 永昌有巂唐縣

색은 최호가 말했다. "수巂와 곤명昆明은 2개의 나라 이름이다." 위소가 말했다. "수巂는 익주益州의 현이다."

崔浩云 二國名 韋昭云 巂 益州縣

정의 巂의 발음은 '수髓'이다. 지금 수주巂州이다. 곤명昆明은 수주巂州의 현이고 아마도 남쪽으로 곤명의 땅을 접해서 이름을 따른 것이리라.

巂音髓 今巂州也 昆明 巂州縣 蓋南接昆明之地 因名也

④ 編髮隨畜遷徙편발수휵천사

정의 編의 발음은 '번[步典反]'이다. 畜의 발음은 '후[許又反]'이다. 모두 수巂와 곤명의 풍속이다.

編 步典反 畜 許又反 皆巂昆明之俗也

신주 머리를 땋아 내리고 가축을 따라 유목 생활을 한다.

⑤ 徙筰都사작도

집해 서광이 말했다. "사徙는 한가漢嘉에 있다. 筰의 발음은 '작昨'이고 월수越巂에 있다."

徐廣曰 徙在漢嘉 筰音昨 在越巂

색은 복건이 말했다. "사徙, 작도筰都는 2개의 나라 이름이다." 위소가 말했다. "사현徙縣은 촉蜀에 속하고 작현筰縣은 월수越巂에 있다." 서광이 말했다. "筰의 발음은 '작昨'이다."

服虔云 二國名 韋昭云 徙縣屬蜀 筰縣在越嶲 徐廣云 筰音昨

[정의] 徙의 발음은 '사斯'이다. 《괄지지》에서 말한다. "작주筰州는 본래 서촉西蜀의 요새 밖이고 묘강수貓羌嶲라고 한다. 〈지리지〉에는 사현徙縣이라고 일렀다. 《화양국지》에는 아주雅州 공래산邛郲山의 본명은 공작산邛筰山이다. 그르므로 공邛 땅 사람들과 작筰 땅 사람들의 경계이다."

徙音斯 括地志云 筰州本西蜀徼外 曰貓羌嶲 地理志云徙縣也 華陽國志雅州邛郲山本名邛筰山 故邛人筰人界

⑥ 冉駹염방

[색은] 살펴보니 응소는 "문강군汶江郡은 본래 염冉과 방駹이다."라고 했다. 駹의 발음은 '망[亡江反]'이다.

案 應劭云 汶江郡本冉駹 音亡江反

[정의] 《괄지지》에서 말한다. "촉의 서쪽 요새 밖은 강羌이고 무주茂州와 염주冉州는 본래 염冉과 방駹나라 땅이다. 《후한서》에는 염冉과 방駹은 그 산에 육이六夷, 칠강七羌, 구저九氐가 있는데, 각각의 부락部落이 있다고 했다."

括地志云 蜀西徼外羌 茂州冉州本冉駹國地也 後漢書云冉駹其山有六夷七羌九氐 各有部落也

염冉과 방駹에서 동북쪽으로 군장君長들이 십수 명인데 그중에 백마白馬①가 가장 크고 모두가 저족氏族 부류이다. 이들 모두는 파巴와 촉蜀의 서남쪽 밖 만이蠻夷들이다.

처음 초위왕楚威王 때 초나라에서는 장군 장갹莊蹻②에게 군사를 거느리고 강수江水의 변을 따라 파巴와 검중黔中의 서쪽을 침략하게 했다.

장갹은 옛 초장왕楚莊王의 후손이다. 장갹이 전지滇池③에 이르고 보니, 전지의 땅은 사방이 300리나 되었으며 그 곁의 평야가 수천 리에 이르는 비옥한 땅이었다. 이곳을 군대의 위력으로 평정해 초나라에 복속시켰다. 돌아와 초나라에 보고하려고 했으나 때마침 진秦나라에서 초나라를 공격해 파巴와 검중黔中을 빼앗자 길이 막혀 통과하지 못했다. 이로 인해 장갹은 그곳으로 되돌아가 그곳의 무리를 이끌어 전滇에서 왕이 되었는데, 복장을 바꾸고 그들의 풍속을 따름으로써 장長이 된 것이다.

自冉駹以東北 君長以什數 白馬①最大 皆氏類也 此皆巴蜀西南外蠻夷也 始楚威王時 使將軍莊蹻②將兵循江上 略巴(蜀)黔中以西 莊蹻者 故楚莊王苗裔也 蹻至滇池③(地)方三百里 旁平地 肥饒數千里 以兵威定屬楚 欲歸報 會秦擊奪楚巴黔中郡 道塞不通 因還 以其衆王滇 變服 從其俗 以長之

① 白馬백마

색은 살펴보니 이읍夷邑의 이름이고 곧 백마저白馬氏이다.

案 夷邑名 即白馬氏

정의 《괄지지》에서 말한다. "농우隴右의 성주成州와 무주武州는 모두 백마저白馬氐이고 그의 호족豪族 양씨楊氏는 성주成州 구지산九池山 위에 살고 있다."

括地志云 隴右成州武州皆白馬氏 其豪族楊氏居成州仇池山上

② 莊蹻장걕

색은 蹻의 발음은 '각[炬灼反]'이다. 초장왕楚莊王의 아우이고 도적이 된 자이다.

音炬灼反 楚莊王弟 爲盜者

정의 蹻의 발음은 '걕[其略反]'이다. 낭주郎州, 곤주昆州는 곧 장걕莊蹻이 왕을 한 곳이다.

其略反 郎州昆州 即莊蹻所王

③ 滇池전지

색은 전지滇池는 사방 300리이다. 〈지리지〉에는 익주益州 전지현滇池縣은 택澤의 서북쪽에 있다. 《후한서》에는 "그 연못의 수원은 깊고 넓으며 끝은 다시 얕고 좁아서 거꾸로 흐르는 듯하다. 그러므로 전지滇池라고 이르는 것이다."라고 했다.

滇池方三百里 地理志益州滇池縣 澤在西北 後漢書云 其池水源深廣 而[末]更淺狹 有似倒流 故謂滇池

정의 〈괄지지〉에서 말한다. "전지현의 택澤은 곤주 진녕현 서남쪽 30리에 있다. 그 연못의 수원은 깊고 넓으며 끝은 다시 얕고 좁아서 거꾸로 흐르는 듯하다. 그러므로 전지라고 이르는 것이다."

括地志云 滇池澤在昆州晉寧縣西南三十里 其水源深廣而[末]更淺狹 有似倒

流 故謂滇池

진秦나라 때 상안常頞[1]이 침략해서 다섯 자의 도로를 통하게 하고[2] 이들 나라에 관리를 둔 것이 자못 많았다. 10여 년이 지나 진秦나라는 멸망했다.

한나라가 흥성하니 모두가 이곳의 나라들을 방기放棄하고 촉蜀의 옛 요새만을 열었다. 그러자 파巴와 촉蜀의 백성 중 혹자들이 몰래 나와 장사를 했는데, 작筰의 말과 북북僰(오랑캐)의 노예[3]와 모髦 땅의 소들을 사들였다. 이 때문에 파와 촉은 재물이 풍성했다.

秦時常頞[1]略通五尺道[2] 諸此國頗置吏焉 十餘歲 秦滅 及漢興 皆棄此國而開蜀故徼 巴蜀民或竊出商賈 取其筰馬僰僮[3]髦牛 以此巴蜀殷富

---

① 頞안

[집해] 頞의 발음은 '안案'이다.

音案

---

② 略通五尺道약통오척도

[색은] 잔도棧道의 너비가 5자[尺]인 것을 이른다.

謂棧道廣五尺

[정의] 《괄지지》에서 말한다. "오척도五尺道는 낭주郎州에 있다. 안사고는 그곳이 험애한 곳에 처해 있어서, 이 때문에 길이 너비가 겨우 5자[尺]라고 했다. 여순은 길의 너비가 5자[尺]라고 했다."

括地志云 五尺道在郞州 顔師古云其處險阨 故道纔廣五尺 如淳云道廣五尺

③ 僰僮북동

색은 위소가 말했다. "북僰은 건위犍爲에 속한다. 僰의 발음은 '북[蒲北反]'이다." 복건이 말했다. "옛날의 경사에는 북僰의 여종이 있었다."

韋昭云 僰屬犍爲 音蒲北反 服虔云 舊京師有僰婢

정의 지금 익주益州의 남쪽 융주戎州의 북쪽으로 대산大山에 이르기까지 옛 북국僰國이었다.

今益州南戎州北臨大山 古僰國

무제 건원建元 6년, 대행大行, 왕회王恢가 동월東越을 공격했다. 동월에서는 그의 왕, 영郢을 죽여서 보답했다. 왕회는 무력에 기인해서 파양番陽①의 현령인 당몽唐蒙에게 넌지시 남월南越을 깨닫게 하도록 지시했다. 남월에서는 당몽에게 촉蜀의 구장枸醬②을 대접했는데, 당몽은 구장이 어디서 나왔는지를 물으니 대답했다.

"서북쪽의 장가牂柯③로부터 들여왔습니다. 장가강牂柯江의 너비는 수 리里나 되며 반우성番禺城의 아래로 흐릅니다."

建元六年 大行王恢擊東越 東越殺王郢以報 恢因兵威使番①陽令唐蒙 風指曉南越 南越食蒙蜀枸醬② 蒙問所從來 曰 道西北牂柯③ 牂柯江廣數里 出番禺城下

---

① 番파

정의 番의 발음은 '파婆'이다.

番音婆

② 枸醬구장

집해 서광이 말했다. "구枸는 다른 판본에는 '구蒟'로 되어 있고 枸의 발음은 '구蒌'이다." 살펴보니 《한서음의》에서 말한다. "구목枸木(구기자)은 곡수穀樹와 비슷하고 그 잎사귀는 뽕잎과 같다. 그 잎을 사용해 장초醬酢를 만들면 맛이 있어 촉蜀 땅 사람들은 진미珍味로 여긴다."

徐廣曰 枸 一作蒟 音蒌 駰案 漢書音義曰 枸木似穀樹 其葉如桑葉 用其葉作醬酢 美 蜀人以爲珍味

색은 구蒟이다. 살펴보니 진작은 枸의 발음은 '구矩'라고 말했다. 유덕劉德이 말했다. "구수蒟樹는 뽕나무와 같고 그 오디의 길이는 2~3치이며 맛이 시다. 그 열매를 취해 장醬을 담그면 맛이 좋다." 또 말했다. "구蒟는 나무에 붙어서 자라는데, 나무는 아니다. 지금 촉蜀의 토가土家에서 구蒟를 내는데 열매는 뽕나무의 오디와 같고 맛이 맵고 생강과 같으나 초는 아니다." 또 말했다. "잎을 취한다." 이곳의 주석에서 또 잎은 뽕잎과 같다고 했는데 그르다. 《광지》에는 "색이 검고 맛은 매우며 기를 내리게 하고 곡식을 소화시킨다."라고 했다. 蒌의 발음은 '구[求羽反]'이다.

蒟 案 晉灼音矩 劉德云 蒟樹如桑 其椹長二三寸 味酢 取其實以爲醬 美 又云 蒟緣樹而生 非木也 今蜀土家出蒟 實似桑椹 味辛似薑 不酢 又云取葉 此注又 云葉似桑葉 非也 廣志云 色黑 味辛 下氣消穀 蒌求羽反

③ 牂柯장가

정의 최호가 말했다. "장가牂柯는 배를 매는 말뚝이다." 상씨常氏의

《화양국지》에는 "초경양왕楚頃襄王 때에 장갹을 보내 야랑을 정벌하게
했다. 군사가 저란且蘭에 이르러 배를 언덕에 매어 놓고 걸으며 싸웠다.
이미 야랑을 멸망시키고 저란에 배를 매어 놓은 곳이 있어서 이에 그 이
름을 고쳐서 장가라고 했다."라고 했다.

崔浩云 牂柯 繫船杙也 常氏華陽國志云 楚頃襄王時 遣莊蹻伐夜郎 軍至且蘭
橢船於岸而步戰 旣滅夜郎 以且蘭有橢船柯處 乃改其名爲牂柯

당몽이 장안에 돌아와서 촉蜀의 장사꾼에게 남월에서 들은 것을
물으니 장사꾼이 말했다.

"유독 촉蜀에서만 구장을 만들어 내고 있는데, 대부분 몰래 가지
고 나와서 야랑夜郎 시장에서 팝니다. 야랑은 장가강에 임해 있는
데, 강의 너비가 100여 보步여서 족히 배로 건널 만합니다. 남월에
서 재물을 이용해 부리다가 야랑을 복속시켰는데, (범위가) 서쪽으
로 동사同師까지 이릅니다. 그렇지만 또한 (그들은) 능히 신하처럼
부리지는 못합니다."

당몽이 이에 글을 올려 주상을 설득했다.

"남월왕은 황옥좌독黃屋左纛의 수레를 타고,[①] 땅은 동서로 1만여
리이며 외신外臣으로 부르지만 실제로는 한 주州의 임금입니다.
지금 장사長沙와 예장豫章에 가면 물길이 자주 끊어져 행하기가 어
렵습니다. 가만히 들어보니 야랑이 보유한 정예병 10여만 명을 얻
을 수 있다고 합니다. 배를 타고 장가강을 건너서 그들이 뜻하지
않은 곳으로 출동한다면 이것이 남월을 제재하는 하나의 기묘한

계책일 것입니다. 진실로 한나라 강성함이나 파와 촉의 풍성함으로 야랑의 길을 통하게 하고 관리를 두는 것은 매우 쉽습니다."

무제가 허락했다.

蒙歸至長安 問蜀賈人 賈人曰 獨蜀出枸醬 多持竊出市夜郎 夜郎者 臨牂柯江 江廣百餘步 足以行船 南越以財物役屬夜郎 西至同師 然亦不能臣使也 蒙乃上書說上曰 南越王黃屋左纛① 地東西萬餘里 名爲外臣 實一州主也 今以長沙豫章往 水道多絶 難行 竊聞夜郎所有精兵 可得十餘萬 浮船牂柯江 出其不意 此制越一奇也 誠以漢之彊 巴蜀之饒 通夜郎道 爲置吏 易甚 上許之

① 南越王黃屋左纛남월왕황옥좌독

신주 천자가 타는 수레와 깃발을 말한다. 황옥黃屋은 천자의 수레에 누런 비단으로 장막을 장식한 것이다. 독纛은 들소의 꼬리로 만드는데 황제가 타는 수레에 다는 정기旌旗이다. 남월왕이 황옥좌독黃屋左纛의 수레를 탄다는 것은 한나라의 영향력이 미치지 않는 지역이라는 뜻이다.

이에 당몽을 제수해 낭중장郎中將으로 삼고, 1,000명의 군사와 짐과 군량미를 실어 나르는① 1만 명을 인솔해서 파촉의 작관筰關으로 들어가게 했다. 마침내 야랑후夜郎侯 다동多同을 만나자, 당몽은 다동에게 후하게 선물을 주고 위엄과 덕망으로 타이르며, (군현으로) 삼아 관리를 두는데 그의 아들을 현령縣令으로 삼을 것을 약속했다.

야랑 곁의 작은 읍들도 모두 한나라 명주와 비단을 탐냈는데, 한나라로 이르는 길이 험해서 끝내 소유할 수 없다고 여겼다. 그래서 또한 당몽의 약속②을 받아들였다. 돌아와서 보고하자 이에 건위군犍爲郡으로 삼았다.

乃拜蒙爲郎中將 將千人 食重①萬餘人 從巴蜀筰關入 遂見夜郎侯多同 蒙厚賜 喩以威德 約爲置吏 使其子爲令 夜郎旁小邑皆貪漢繒帛 以爲 漢道險 終不能有也 乃且聽蒙約② 還報 乃以爲犍爲郡

① 食重식중

[색은] 살펴보니 식량과 물자를 실은 군용수레이다. 重의 발음은 '종[持用反]'이다.

案 食貨輜重車也 音持用反

[신주] '중重'은 치중거輜重車를 말한다.

② 蒙約몽약

[신주] 당몽이 파촉의 작관으로 들어가 서남이의 군장들을 만나 그 자식을 현령으로 삼을 것과 한나라 증백繒帛을 선물하겠다고 약속한 것이다. 아마도 무력을 함께 씀으로써 당몽의 요구를 들어주지 않을 수 없는 상황이었을 것이다. 증백은 비단을 통칭하는 말이다.

파와 촉에서 병졸을 징발해 길을 닦았는데 북도僰道로부터 장가
강①에 이르도록 지휘했다. 촉 땅의 사마상여는 또한 서이西夷의
공邛과 작筰에도 군郡을 둘만 하다고 말했다. 사마상여를 낭중장
에 임명하고 장차 사신으로 가서 그들을 회유하게 했다. 모두 남
이南夷같이 도위都尉 한 자리를 설치하고 10여 개의 현縣으로 삼
아 촉蜀에 귀속시켰다.

이때를 맞아 파와 촉의 4개 군②은 서남이西南夷로 길을 개통하려
고 수자리하던 병사를 보내고 군량을 보급했다. 그러나 여러 해
동안 길은 개통되지 않았고 사졸들 중에 굶주리고 습병에 걸려
죽는 자가 매우 많았다. 또 서남이에서 자주 반역해 군사를 발동
해 공격했으나 경비만 소모될 뿐 공로는 없었다.

發巴蜀卒治道 自僰道指牂柯江① 蜀人司馬相如亦言西夷邛筰可置郡
使相如以郎中將往喻 皆如南夷 爲置一都尉 十餘縣 屬蜀 當是時 巴蜀
四郡②通西南夷道 戍轉相饟 數歲 道不通 士罷餓離濕死者甚衆 西南夷
又數反 發兵興擊 耗費無功

① 牂柯江장가강

[색은] 장가강의 길이다. 최호가 말했다. "장가牂柯는 배를 매어 두는
말뚝이고 이로써 땅 이름으로 삼은 것이다." 도道는 종從과 같다. 〈지리
지〉에는 야랑에는 또 돈수豚水가 있는데 동쪽에서 남해의 사회四會에 이
르러 바다로 들어가는데 이것이 장가강이다.

道牂柯江 崔浩云 牂柯 繫船杙也 以爲地名 道猶從也 地理志夜郎又有豚水 東
至南海四會入海 此牂柯江

② 巴蜀四郡파촉사군

집해 서광이 말했다. "한중漢中, 파군巴郡, 광한廣漢, 촉군蜀郡이다."

徐廣曰 漢中 巴郡 廣漢 蜀郡

무제가 근심하여 공손홍에게 가서 살피고 물어보게 했다. 돌아와 대답하기를 그곳의 편리하지 못한 점을 말했다. 공손홍이 어사대부가 되어 이때는 한나라에서 바야흐로 삭방에 성을 쌓고 하수河水에 의지해 호胡를 축출할 때였는데 공손홍이 이로 인해 자주 서남이西南夷에 길을 내는 것이 해로우니 그만 중지하고 흉노의 일에만 전력해야 한다고 말했다.

무제가 서이의 일을 중지시키고 다만 남이南夷와 야랑 두 현에 도위都尉 한자리 두고① 차츰 건위군으로 하여금 스스로 지키면서 (군현郡縣의 사업을) 완성해 나가도록 했다.②

上患之 使公孫弘往視問焉 還對 言其不便 及弘爲御史大夫 是時方築朔方以據河逐胡 弘因數言西南夷害 可且罷 專力事匈奴 上罷西夷 獨置南夷夜郎兩縣一都尉① 稍令犍爲自葆就②

---

① 兩縣一都尉양현일도위

집해 서광이 말했다. "원광元光 6년 남이에 처음으로 우정郵亭을 설치했다."

徐廣曰 元光六年 南夷始置郵亭

② 犍爲自葆就건위자보취

[정의] 건위犍爲로 하여금 스스로 지키게 하고 차츰 그 군현의 사업을
완성하게 했다.

令犍爲自葆守 而漸修成其郡縣也

서남쪽을 넓힌 한나라

무제 원수元狩 원년에 이르러 박망후博望侯 장건張騫이 대하大夏에 사신으로 갔다 돌아와서 말했다.

"대하大夏에 있을 때 촉蜀 땅의 베와 공邛 땅의 대나무지팡이[①]를 보았습니다. 어디에서 왔느냐고 물으니 그들이 말하기를 '동남쪽을 따라서 가면 연독국身毒國[②]이 있는데 수천 리이며 그곳에서 촉 땅의 장사꾼에게서 산 것이다.'라고 했습니다. 또 어떤 이에게 듣자니 '공邛 땅에서 서쪽으로 2,000리를 가면 연독국이 있다.'라고도 했습니다."

及元狩元年 博望侯張騫使大夏來 言居大夏時見蜀布邛竹杖[①] 使問所從來 曰 從東南身毒國[②] 可數千里 得蜀賈人市 或聞邛西可二千里有身毒國

① 邛竹杖공죽장

집해 위소가 말했다. "공현邛縣의 대나무는 촉蜀에 속한다." 신찬이 말했다. "공邛은 산 이름이다. 이곳 대나무의 마디는 높고 속이 차서 지팡이를 만들 수 있다."

韋昭曰 邛縣之竹 屬蜀 瓚曰 邛 山名 此竹節高實中 可作杖

② 身毒國연독국

[집해] 서광이 말했다. "글자가 어떤 판본에는 '축竺'으로 되어 있다. 《한서》에는 곧 '연독身毒'이라고 일렀고 《사기》의 어떤 판본에는 '건독乾毒'으로 되어 있다." 살펴보니 《한서음의》에는 "일명 '천축天竺'이라고 한 즉 부도浮屠가 나왔다는 호胡 땅이 이곳이다."라고 했다.

徐廣曰 字或作竺 漢書直云身毒 史記一本作乾毒 駰案 漢書音義曰 一名天竺 則浮屠胡是也

[색은] 身의 발음은 '연捐'이고 毒의 발음은 '독篤'이다. 어떤 판본에는 '건독乾毒'으로 되어 있다. 《한서음의》에는 일명 '천축天竺'이라고 했다.

身音捐 毒音篤 一本作乾毒 漢書音義一名天竺也

장건은 이에 기인하여 장황하게 이야기했다.

"대하大夏는 한나라 서남쪽에 있는데 중국을 사모하고 있으며 흉노가 그 길을 차단할까 봐 걱정하고 있습니다. 진실로 촉蜀과 통하게 한다면 연독국으로 가는 길이 편리하고 가까워 이로움은 있어도 손해는 없을 것입니다."

이에 천자가 왕연우王然于와 백시창柏始昌과 여월인呂越人 등에게 샛길로 서이西夷가 있는 서쪽으로 나가 연독국을 찾으라고 지시했다.

전滇에 도착하니 전왕 상강嘗羌[①]이 이에 머무르도록 하고 10여 무리를 서쪽으로 보내 길을 찾게 했다.

騫因盛言大夏在漢西南 慕中國 患匈奴隔其道 誠通蜀 身毒國道便近
有利無害 於是天子乃令王然于柏始昌呂越人等 使閒出西夷西 指求身
毒國 至滇 滇王嘗①羌乃留 爲求道西十餘輩

① 嘗상

집해 서광이 말했다. "상嘗은 다른 판본에는 '상賞'으로 되어 있다."
徐廣曰 嘗 一作賞

한 해 남짓 되어 모두 곤명에서 길을 폐쇄해① 연독국으로 통할
수 있는 길이 없었다. 전왕이 한나라 사신과 함께 이야기했다.
"한나라와 우리 전滇나라 중 어디가 더 크오?"
더불어 야랑후가 또한 그렇게 물은 일이 있었다. 길이 통하지 않
은 관계로 또한 스스로 각각 하나의 주州의 군주가 되었으므로
한나라가 광대하다는 것을 알지 못했다.
사자가 돌아와 이로 인해 전滇이 거대한 나라이며 섬겨주는 것에
만족하고 친숙하게 따르게 해야 한다고 장황하게 이야기했다. 천
자가 이에 주의注意했다.

歲餘 皆閉昆明① 莫能通身毒國 滇王與漢使者言曰 漢孰與我大 及夜郎
侯亦然 以道不通故 各自以爲一州主 不知漢廣大 使者還 因盛言滇大
國 足事親附 天子注意焉

① 閉昆明폐곤명

집해 여순이 말했다. "곤명昆明에서 길을 폐쇄한 것이다."

如淳曰 爲昆明所閉道

정의 곤명은 지금 수주嶲州의 남쪽에 있고 곤현昆縣이 이곳이다.

昆明在今嶲州南 昆縣是也

남월이 반역을 하자 무제는 치의후馳義侯에게 건위군犍爲郡에 인연해 남이南夷의 군사들을 징발하게 했다.

저란군且蘭君①은 멀리 행군을 하면 곁의 나라들이 그 노약자들을 포로로 잡아갈까 봐 두려워했다. 이에 그의 백성과 반란을 일으켜 사자와 건위군의 태수를 살해했다. 한나라에서는 파巴와 촉蜀의 죄수들을 징발하고 일찍이 남월을 공격했던 8명의 교위를 선발해서 공격해 그들을 격파했다. 때마침 월나라는 이미 격파되어서 8명의 교위는 남하하지 않고 즉시 군사들을 이끌고 돌아오다가 (저란으로) 가서 두란頭蘭②을 처형했다. 두란은 항상 전滇으로 가는 길을 차단했던 자이다. 이미 두란을 평정하고 마침내 남이를 평정해서 장가군牂柯郡으로 삼았다.

及至南越反 上使馳義侯因犍爲發南夷兵 且蘭①君恐遠行 旁國虜其老弱 乃與其衆反 殺使者及犍爲太守 漢乃發巴蜀罪人嘗擊南越者八校尉 擊破之 會越已破 漢八校尉不下 卽引兵還 行誅頭蘭② 頭蘭 常隔滇道者也 已平頭蘭 遂平南夷爲牂柯郡

① 且蘭저란

색은 앞 글자 且의 발음은 '져[子餘反]'이다. 작은 나라 이름이다. 뒤에
현으로 장가牂柯에 속했다.

上音子餘反 小國名也 後縣 屬牂柯

② 頭蘭두란

색은 곧 저란且蘭이다.

即且蘭也

> 야랑후夜郎侯는 처음에 남월에 의지하고 있었으나, 남월이 이미
> 멸망하자 때마침 돌아와서 반역자들을 처단했다. 야랑이 마침내
> 한나라에 입조하니, 무제가 그를 야랑왕으로 삼았다.
> 남월이 격파된 뒤에 한나라에서 저란且蘭과 공군邛君을 처단하고
> 아울러 작후筰侯도 살해했다. 염염과 방방이 모두 두려움에 떨며
> 신하가 되고 관리를 둘 것을 청했다. 이에 공도邛都를 월수군越嶲
> 郡으로, 작도筰都를 침리군沈犁郡으로, 염염과 방방을 문산군汶山
> 郡①으로, 광한廣漢의 서쪽 백마白馬를 무도군武都郡으로 삼았다.
> 夜郎侯始倚南越 南越已滅 會還誅反者 夜郎遂入朝 上以爲夜郎王 南
> 越破後 及漢誅且蘭邛君 幷殺筰侯 冉駹皆振恐 請臣置吏 乃以邛都爲
> 越嶲郡 筰都爲沈犁郡 冉駹爲汶山郡① 廣漢西白馬爲武都郡

① 汶山郡문산군

응소가 말했다. "지금의 촉군蜀郡 민강岷江이다."

應劭曰 今蜀郡岷江

> 무제는 왕연우王然于에게 월나라를 격파하고 남이南夷를 처단한
> 군대의 위세를 내세워서 전왕滇王을 넌지시 깨닫게 하고 한나라
> 에 입조하도록 했다. 전왕은 그의 백성이 수만이었고 그들 곁의
> 동북쪽에 노침勞浸과 미막靡莫①이 있는데 모두가 같은 성씨에 서
> 로 돕고 있어서 기꺼이 들으려 하지 않았다. 또 노침과 미막은 자
> 주 사신이나 관리 들에게 침범당했다.
> 上使王然于以越破及誅南夷兵威風喩滇王入朝 滇王者 其衆數萬人 其
> 旁東北有勞浸靡莫① 皆同姓相扶 未肯聽 勞浸靡莫數侵犯使者吏卒

① 勞浸靡莫노침미막

노침勞浸과 미막靡莫이다. 두 나라는 전왕과 동성同姓이다.

勞寢靡莫 二國與滇王同姓

> 무제 원봉元封 2년, 천자는 파巴와 촉蜀의 군사들을 징발해 노침과
> 미막을 공격해서 멸망시키고 그 군사를 이용해 전滇에 이르렀다.
> 전왕은 처음부터 한나라에 우호적이었으므로 처단하지 않았다.
> 전왕은 서남이西南夷에서 난리를 겪자 온 나라를 들어 항복하고

관리를 두고 (한나라에) 조회하기를 청했다. 이에 익주군益州郡으로 삼아 전왕에게 왕의 인수를 하사하고 다시 그 백성을 다스리게 했다. 서남이 군장君長은 백을 헤아릴 정도지만 오직 야랑과 전滇만이 왕의 인수를 받았다. 전滇은 작은 읍이었으나 한나라에서 가장 총애를 받았다.

元封二年 天子發巴蜀兵擊滅勞浸靡莫 以兵臨滇 滇王始首善 以故弗誅 滇王離難西南夷 擧國降 請置吏入朝 於是以爲益州郡 賜滇王王印 復長其民 西南夷君長以百數 獨夜郎滇受王印 滇小邑 最寵焉

태사공은 말한다.

초나라 선조는 어떤 천록天祿이 있었을까? 주周나라 때에는 문왕文王의 스승이 되어 초나라에 봉해졌고, 주나라가 쇠약할 때는 그들의 땅이 5,000리를 일컬었다. 진秦나라가 제후들을 멸망시켰지만, 오직 초나라 후손 전왕만 남았다.

한나라에서 서남이를 처단해 국가들이 대부분 멸망했지만, 오직 전滇만이 다시 총애받는 왕이 되었다. 그러나 남이南夷 (토벌의) 발단은 (당몽이) 반우番禺에서 맛본 구장枸醬과 공공의 대나무로 만든 대하大夏의 지팡이 때문이었다. 서이西夷가 뒤에 분할되어[1] 서쪽과 남쪽 두 방면으로 잘리고 나뉘어[2] 마침내 7개 군[3]이 되었다.

太史公曰楚之先豈有天祿哉 在周爲文王師 封楚 及周之衰 地稱五千里 秦滅諸侯 唯楚苗裔尙有滇王 漢誅西南夷 國多滅矣 唯滇復爲寵王 然南夷之端 見枸醬番禺 大夏杖邛竹 西夷後揃[1] 剽[2]分二方 卒爲七郡[3]

① 揃전

집해 《한서음의》에서 揃의 발음은 '전翦'이라고 했다.

漢書音義曰 音翦

색은 揃의 발음은 '전剪'이다. 전揃은 분할당한 것을 이른다.

音剪 揃謂被分割也

② 剽표

색은 剽의 발음은 '표[匹妙反]'이다. 서이西夷가 뒤에 분할당하고 핍박받아 쫓겨서 마침내 잘려 서쪽과 남쪽 두 방향에서 살게 되어 각각의 군현에 소속되었다. 표剽는 또한 분수를 지킨 정당한 도리道理인 것이다.

剽音匹妙反 言西夷後被揃迫逐 遂剽居西南二方 各屬郡縣 剽亦分義

③ 七郡칠군

집해 서광이 말했다. "건위犍爲, 장가牂柯, 월수越嶲, 익주益州, 무도武都, 침리沈黎, 문산汶山 땅이다."

徐廣曰 犍爲牂柯越嶲益州武都沈犂汶山地也

색은술찬 사마정이 펼쳐서 밝히다.

서남쪽 요새 밖으로 장갹이 처음 교통했다. 한나라는 대하와 이으려고 이에 당몽에게 명하여 남월을 깨우치게 했다. 노침과 미막 두 나라는 습속과 풍토가 다르다. 서남이 중 야랑이 가장 크고 전국滇國의 북쪽 공邛과 작筰은 영웅이었다. 군현을 설치해서 영원히 공을 미루어 줄 것이다.

西南外徼 莊蹻首通 漢因大夏 乃命唐蒙 勞濅靡莫 異俗殊風 夜郎最大 邛筰稱雄 及置郡縣 萬代推功

지명

《신주 사마천 사기》〈열전〉을 만든 사람들

한가람역사문화연구소 사기연구실

이덕일(한가람역사문화연구소 소장, 문학박사)

김명옥(문학박사)

송기섭(문학박사)

이시율(고대사 및 역사고전 연구가)

정 암(지리학박사)

최원태(고대사 연구가)

한가람역사문화연구소는 1998년 창립된 이래 한국 사학계에 만연한 중화사대주의 사관과 일제식민 사관을 극복하고 한국의 주체적인 역사관을 세우려 노력하고 있는 학술연구소이다. 독립운동가들의 역사관 계승 작업을 꾸준히 진행하는 한편《사기》본문 및 '삼가주석'에 한국 고대사의 진실을 말해주는 수많은 기술이 있음을 알고 연구에 몰두했다. 지난 10여 년간 '《사기》원전 및 삼가주석 강독(강사 이덕일)'을 진행하는 한편 사기연구실 소속 학자들과《사기》에 담긴 한중고대사의 진실을 찾기 위한 연구 및 답사도 계속했다.《신주 사마천 사기》는 원전 강독을 기초로 여러 연구자들이 그간 토론하고 연구한 결과의 집대성이라고 할 수 있다. 한가람역사문화연구소는《신주 사마천 사기》출간을 시작으로 역사를 바로세우기 위해 토대가 되는 문헌사료의 번역 및 주석 추가 작업을 꾸준히 이어갈 계획이다.

한문 번역 교정

유정님 박상희 김효동 곽성용 김영주 양훈식 박종민

《사기》를 지은 사람들

본문_ 사마천

사마천은 자가 자장子長으로 하양(지금 섬서성 한성시) 출신이다. 한 무제 때 태사공을 역임하다가 이릉 사건에 연루되어 궁형을 당했다. 기전체 사서이자 중국 25사의 첫머리인 《사기》를 집필해 역사서 저술의 신기원을 이룩했다. 후세 사람들이 태사공 또는 사천이라고 높여 불렀다. 《사기》는 한족의 시각으로 바라본 최초의 중국 민족사라고 할 수 있는데 여기서 사마천은 동이족의 역사를 삭제하거나 한족의 역사로 바꾸기도 했다.

삼가주석_ 배인·사마정·장수절

《집해》 편찬자 배인은 자가 용구龍駒이며 남북조시대 남조 송(420~479)의 하동 문희(현 산서성 문희현) 출신이다. 진수의 《삼국지》에 주석을 단 배송지의 아들로 《사기집해》 80권을 편찬했다.

《색은》 편찬자 사마정은 자가 자정子正으로 당나라 하내(지금 하남성 심양) 출신인데 굉문관 학사를 역임했다. 사마천이 삼황을 삭제한 것을 문제로 여겨서 〈삼황본기〉를 추가했으며 위소, 두예, 초주 등 여러 주석자의 주석을 폭넓게 모으고 자신의 견해를 덧붙여 《사기색은》 30권을 편찬했다.

《정의》 편찬자 장수절은 당나라의 저명한 학자로, 개원 24년(736) 《사기정의》 서문에 "30여 년 동안 학문을 섭렵했다"고 썼을 정도로 《사기》 연구에 몰두했다. 그가 편찬한 《사기정의》에는 특히 당나라 위왕 이태 등이 편찬한 《괄지지》를 폭넓게 인용한 것을 비롯해서 역사지리에 관한 내용이 풍부하다.